国家自然科学基金项目"煤炭资源型城市绿色基础设施时空演变规律及其优化模型研究"（41671524）

教育部人文社科基金青年项目"物权视角下单位大院街区化的动力机制及空间响应模式研究"(16YJCZH011)

寓旧于新

资源枯竭型矿区
土地退出及再利用研究

王林秀　常　江

余慕溪　邓元媛　　著

中国矿业大学出版社

·徐州·

图书在版编目(C I P)数据

寓旧于新：资源枯竭型矿区土地退出及再利用研究 /
王林秀等著. —徐州：中国矿业大学出版社，2019.12
ISBN 978 - 7 - 5646 - 4636 - 3

Ⅰ. ①寓… Ⅱ. ①王… Ⅲ. ①矿井－土地利用－研究
－中国 Ⅳ. ①F321.1

中国版本图书馆 CIP 数据核字(2019)第 300650 号

书　　名	寓旧于新：资源枯竭型矿区土地退出及再利用研究
著　　者	王林秀　常　江　余慕溪　邓元媛
责任编辑	姜　翠
出版发行	中国矿业大学出版社有限责任公司
	（江苏省徐州市解放南路　邮编 221008）
营销热线	(0516)83884103　83885105
出版服务	(0516)83995789　83884920
网　　址	http://www.cumtp.com　E-mail：cumtpvip@cumtp.com
印　　刷	广东虎彩云印刷有限公司
开　　本	700 mm×1000 mm　1/16　印张 13　字数 260 千字
版次印次	2019 年 12 月第 1 版　2019 年 12 月第 1 次印刷
定　　价	58.00 元

（图书出现印装质量问题，本社负责调换）

序

随着煤炭供给侧结构性改革的深入推进,资源枯竭型矿区的资源再开发利用问题越来越受到关注。预计"十三五"期间,全国累计退出煤矿大约 5 500 处,淘汰落后产能 10 亿吨以上,到 2030 年我国关闭或废弃矿井将达到 1.5 万处。在城市经济转型过程中,土地是实现城市功能布局调整、产业转型、经济结构调整等目标的载体。煤矿城市是资源型城市的典型代表,在"随矿建城"的城市发展模式下,工矿用地多为组团式,占地面积大,分布比较分散,功能不够齐全,形成了"大分散、小集中,百里煤城、城乡交错"的格局。矿区工业用地在资源型城市工业用地总量中占据较大比重,随着资源逐渐枯竭,工业用地效益不断下降,对城市经济发展带来较大负面影响。一方面土地闲置率攀升,另一方面资源枯竭型城市产业转型对建设用地供应量需求快速增加,在城市中占据重要空间区位的矿区土地逐渐成为关注的重点。

该书全面梳理了资源枯竭型矿区土地退出与再利用制度变迁,分析了资源型矿区土地退出的几种典型路径,探究了资源枯竭型矿区土地退出与再利用的现状与动因,在此基础上提出了资源枯竭型矿区土地退出制度设计与再利用规划策略,并剖析了中国矿业大学矿业城市更新团队参与规划设计的几个典型资源枯竭型矿区转型案例。

希望该书的出版,能够为相关决策者制定科学合理的资源枯竭型矿区土地退出与再利用政策提供参考,为政府利用规模引导、布局优化、标准控制、市场配置、盘活利用等手段,实现资源枯竭型矿区土地功能性退出和高效利用提供案例借鉴;也能为正在转型和将要转型的关闭或废弃矿井企业提供一条转型脱困和可持续发展战略路径。该书对于推动资源枯竭型城市转型发展具有十分重要的理论价值和实践意义。

中国工程院院士
安徽理工大学校长
中国工程科技发展战略安徽研究院院长

2019 年 12 月

前　言

城市是文明的产物。城市的出现是人类文明走向成熟的标志。从起源上说,城市的出现有因"城"而"市"和因"市"而"城"两种情况,而矿业城市的出现则是因"矿"而"市",然后再因"市"而"城"。矿业城市依矿而建,依附矿业资源而生,因此又被称为"资源型城市"。早期随着矿业资源的开发,大量劳动力涌入,城市因此而兴。然而,由于矿业资源的有限性和不可再生性,终会出现资源枯竭、矿井关闭,城市又因此而衰。因此,矿区的兴盛与衰亡直接影响城市的繁荣和没落。

城市的发展离不开土地。土地是城市发展的承载体,是城市发展的基础性资源。城市不断扩张的直接表现,除了人口的涌入外还表现为城市土地面积的扩张。矿业城市在扩张发展的过程中,由于之前的矿区土地或是位于城市中心或是位于城市边缘,相应的地下空间与地上空间的限制,阻碍了城市的发展。另外,由于资源枯竭型矿区土地独立于城市规划的建设用地,土地需求与现状的不符,无疑大大限制了城市的建设和发展。因此,资源枯竭型矿区土地的退出就显得尤为重要。

土地退出需要制度保障。土地退出从某种意义上讲是土地用途的变更。在我国,土地用途变更需要经过一系列的审查程序,这些审查程序就是"制度"。制度的缺漏或是交叉、不完备,都会对土地退出造成约束,限制土地的退出。在土地退出的过程中,关于土地再利用的产权流转和利益分配所造成的冲突,其本质是制度安排的内在缺陷及制度刚性所造成的。从这个意义上讲,有必要对资源枯竭型矿区土地退出过程中的制度约束进行优化,以此减轻由于相应制度限制所带来的资源枯竭型矿区土地退出的桎梏。

土地具有增值性。土地的价值更多地取决于土地上附加的权益，因此，随着人口的增加和社会经济的发展，对土地投资就会具有显著的增值性。我国城市建设用地现阶段实行的是国家所有制，招拍挂（招标、拍卖、挂牌）过程中的土地出让价格涨幅是土地增值的主要实现形式。虽然在社会主义制度下，我国消灭了土地私有制，但在现实社会中，以土地及其附着的基础设施、生态环境优劣等不同条件而产生的经济收益差别依然存在。

本书是团队长期研究成果的结晶，也是在大家共同努力下完成的。王林秀和常江负责全书的大纲设计、初稿审阅和最终定稿，王林秀和余慕溪负责统稿和主要章节的撰写，邓元媛、张焕杰等承担撰写过程中资料的收集整理和草稿拟定等工作。本书是基于国家自然科学基金项目"煤炭资源型城市绿色基础设施时空演变规律及其优化模型研究"和教育部人文社科基金青年项目"物权视角下单位大院街区化的动力机制及空间响应模式研究"完成的，在项目完成过程中，许多博士研究生和硕士研究生都参与其中，他们的研究成果直接构成了本书一些主要章节的内容。感谢王丽娜、宫明杰、邓珊、刘秀艳、张玮玮等同学的辛勤付出。感谢徐州市、晋城市、邯郸市等政府相关部门的负责同志及江苏徐州矿务集团、山东枣庄矿业集团、安徽淮北矿业集团、山西晋煤集团、四川嘉阳集团等企业相关部门的同志在完成项目的过程中给予我们的帮助和支持。特别感谢安徽理工大学校长袁亮院士为本书作序以及长期以来对本课题组团队的关心和支持。最后，衷心感谢中国矿业大学出版社为本书的出版所付出的辛勤劳动。

资源枯竭型矿区土地退出及再利用是中国城市经济发展尤为重要的一环，其中相关的问题多而繁杂，桎梏尤多，亟须解决。无疑，这将是一条荆棘丛生的路，但路的终点却将是中国城市的繁荣。

著　者

2019 年 12 月

目　　录

1 资源枯竭型矿区土地概述

1.1 资源枯竭型矿区相关概念

1.1.1 矿区

经济社会的发展离不开矿业的支持,自 18 世纪 60 年代蒸汽机的发明和应用开始,矿业便成了一个国家能源和原材料生产的主要支撑。我国 95% 以上的能源、80% 以上的工业原料、70% 以上的农业生产资料均来自矿业。[1] 所以,矿业为我国的经济发展和社会进步提供了巨大的动力。

矿业的主要承载体是矿区,矿业的发展离不开矿区。从经济学角度看,矿区是指在特定的自然空间内,以矿产开采活动为生产方式,区域内产业规模相对集中、社会经济组织相互渗透与影响所构成的特定经济区域。[2] 从社会学角度看,矿区是以开发利用矿产资源的生产作业区和职工及其家属生活区为主,并辐射一定范围而形成的经济与行政社区,在该社区中,矿业作为主导产业,带动和支持本区域经济和社会的发展。[3] 有学者将矿区界定为一类社区,认为矿区是以矿物开采和加工为主导产业发展起来,并走上工业化道路的一类社区,简称矿业社区。[4]

狭义的矿区是指集矿业生产职能的区域和诸如办公楼、食堂、职工宿舍等配套生活设施区域于一体的工业广场。广义的矿区是指以开发利用矿产资源的生产区、职工及其家属生活区为主,并辐射周边一定范围而形成的经济与行政区域。

由于受到矿产资源不可再生性和赋存有限性的影响,矿区的发展和资源开采一般也呈现出周期性的特点。通常情况,矿的发展会经历起步期、成长期、成熟期和衰退期等阶段。[5]

1.1.2 关闭矿井

关闭矿井,顾名思义就是指已经关闭的矿井。中国工程院重大咨询项目"我国煤矿安全及废弃矿井资源开发利用战略研究"的研究成果表明,新中国成立至今,中国煤炭已开采 70 余年,部分矿井已到达其生命末期,已经或者面临关闭。[6]伴随工业化进程的深入,长期、大规模、高强度的矿产资源开发,使得我国诸多矿区已进入资源开发的衰退期,在未来一段时间内,关闭矿井数量逐年增加且主要集中在煤矿。

根据矿井的关闭成因可以将关闭矿井分为两类。一类是资源枯竭型关闭矿井。由于资源枯竭,矿井已经不具备矿业开采的能力,进入关闭行列。另一类是政策性关闭矿井。由于当前我国经济进入新常态,经济发展对煤炭的需求增速放缓,全国各省市煤炭行业管理部门会同有关部门研究制定反映资源、技术、安全、环保等方面要求的煤炭行业落后产能标准,政策性关闭矿井便是符合落后产能标准而淘汰关闭的一类矿井。

1.1.3 资源枯竭型矿区

学术界对资源枯竭型矿区尚无明确定义。目前比较主流的观点有两种。观点一:资源枯竭型城镇中的矿区。资源枯竭型城镇是因资源而兴,又因资源而没落的城市。要达到资源枯竭的标准,需要该城镇总体已开采资源量达到整体资源量的70%以上,也有部分学者将开采红线界定为60%,学术界尚未对其标准进行统一。但可以确定的是,资源枯竭型城市的形成必然伴随着资源的过量开采所导致的后续经济发展动力不足。观点二:由于矿区范围内可供的矿产资源短缺,矿区开采量与储量比例严重失衡,或者可采储量逐年萎缩,或由于矿产品价格波动、供求关系变化等市场条件改变而难以继续经济地开发利用其保有的矿产资源,由此导致矿山产量持续下降、产品明显过剩、经营状况恶化、矿山保有服务年限低于警戒线,当剩余资源储量不足总开采量的20%时便属于资源枯竭型矿区。本书沿用了观点二对资源枯竭型矿区的定义,将资源枯竭型矿区理解为处在"衰退期"的矿区。

1.2 资源枯竭型矿区土地分类与特征

1.2.1 资源枯竭型矿区土地界定

按照我国土地相关法律规定,我国土地可以有以下几种不同的分类方式:根据土地使用权获取方式的不同,可以分为出让土地、划拨土地、授权经营(作价入股)土地和租赁土地;根据土地所有权的不同,可以分为农村集体用地和城市国有用地;根据使用功能的不同,可分为工业用地、仓储用地、住宅用地等。

《采矿手册》将矿区土地界定为主要功能或重要功能为开采矿产品及其初加工产品的区域。它不仅是指矿井井田边界范围内的区域,还包括井田边界范围以外和矿区直接联系的区域。有学者认为矿区土地包括勘探、掘井、公路、铁路、码头、运输管道、架设电缆、清除地面障碍等功能性用地,[7]也有学者认为矿区土地是进行采矿活动所占用的土地,[8-10]还有学者将矿区土地定义为因开发、利用矿产资源而使用的土地,并认为矿区土地的范围应该包括探矿用地、采矿用地、选矿场和排渣场压占用地等。[11-12]

综合上述对土地的分析与分类,本书将矿区土地定义为:因矿产资源开采及配套服务而占用的土地。从城市用地分类的角度来看,矿区土地属于工业用地,在矿区内部,其功能通常分为生产用地和生活用地,是涵盖不同土地权能、土地性质的城市建设用地。

1.2.2 资源枯竭型矿区土地属性

1.2.2.1 生态属性

矿区的开发意味着带来一定程度的破坏,尤其是我国在经济发展较为迅速的时期,因不注重矿区土地的生态理念,而造成了不同程度的各类生态问题,这种现象在资源枯竭型矿区尤为突出。如何对遭到破坏的土地进行保护和治理,是资源枯竭型矿区土地生态属性研究的新方向。资源枯竭型矿区土地的生态恢复主要是利用土壤改良技术、采空区填充技术、植被恢复技术等并结合农林利用生态重建模式、人文景观利用生态重建模式以及其他模式,恢复提高土地的生态功能,保证资源枯竭型矿区生态与所在地的城市整体生态环境协调发展。[13-14]

1.2.2.2 社会属性

在人类文明进程的每一个新时期,社会生产力及生活水平都较前一段时期有了很大的提高,其背后的推动力都离不开矿业的发展。人类社会的发展和进步,历来是同资源的发现、开发、利用相伴随的。大多数资源枯竭型矿区土地虽然已经不具备矿业生产的能力,但是还承担一定的社会功能。在我国,矿区同时具有生产功能和生活功能。随着矿产资源的枯竭,矿业的生产功能逐步消失或者被其他的生产方式所取代。伴随着矿业生产建立起来的社会职能不会随着矿业生产的退出或者转型而消失,大部分资源枯竭型矿区还存在居民生活区和部分商业设施,具有一定的社会属性。[15]

1.2.2.3 经济属性

矿业的经济效益分为两种,一种是因直接进行矿业经营活动而产生的包括收入、利润、外汇、就业、地区开发和基础设施建设等,另一种是矿业与其他产业的结合性产业。资源枯竭型矿区为我国国民经济和工业化发展做出了卓越的贡献。资源枯竭型矿区的产业发展从成熟期进入衰退期,矿业资源支撑的矿业产业所占的比重逐步降低,但是其经济价值并没有完全消失,与其他产业的结合性产业就成为资源枯竭型矿区进行转型的新的发展方向,矿区土地的经济属性,因承载地区的继续发展而得以彰显和持续。

1.2.2.4 文化属性

矿区发展依靠不同的自然资源造成了不同的发展模式并形成了不同的文化底蕴。资源枯竭型矿区经历了不同的发展阶段,社会属性逐步发展完善。伴随着社会属性的发展,文化属性逐步完善,矿业文化也在此留下了深深烙印。由矿业衍生的矿业文化是资源枯竭型城市文化的一部分。随着资源枯竭型矿区的转型发展,会形成新的矿区文化并可助力资源枯竭型矿区转型发展。[16-18]

1.2.3 资源枯竭型矿区土地分类

1.2.3.1 以原有土地权属分类

(1)划拨土地

划拨土地是有审批权限的各级政府根据我国《土地管理法》和《城市房地产管理法》的有关规定和 2001 年 10 月国土资源部第 9 号令《划拨用地目录》,向符合划拨用地条件的项目(项目使用的单位)无偿供应的土地。[19]

矿区划拨土地主要包括:矿井、露天矿、煤炭加工设施,共伴生矿物开采与加工工业场地;矿井通风、抽放瓦斯与煤层气开采、防火灌浆(含取土场)、井下热害防治等设施;采掘场与疏干系统(含控制站);排矸系统与排土场;采空塌陷区和村庄压煤房屋搬迁用地;自备发电厂、热电站、输变电设施;煤炭机电设备、仪器仪表、配件、器材(含民用爆破器材)、材料(含建材)生产设施;设备组装、维修、租赁设施;供水、供电、燃气、供气、通信设施;物资储存、转运、供应设施;煤炭集运、储存、销售设施;矿山救护、消防设施;中心试验站;矿区防护和环保设施;运输设施:包括准(窄)轨专用铁路及车站、专用道路、专用港口、架空索道、输煤管道、带式输送机廊道;行政、业务管理设施;资源勘探队伍基地及配套设施。[20]

(2)授权经营土地

国家根据需要,可以以一定年期的国有土地使用权作价后授权给经国务院批准设立的国家控股公司、作为国家授权投资机构的国有独资公司和集团公司经营管理的土地。

(3)出让土地

出让土地是指国家以土地所有者的身份将土地使用权在一定年限内让与土地使用者,并由土地使用者向国家支付土地使用权出让金。

一般而言,资源枯竭型矿区土地的权属由以上三类构成。

1.2.3.2 以土地利用分类

矿区土地依据利用现状分为工业用地、居住用地、商业用地、公共管理与服务用地、道路与交通用地、仓储用地等,不同用地承载着矿区发展不同的功能。

（1）工业用地

工业用地是矿区土地利用的基本功能,它承载着区域内经济运作、管理和服务等功能,与城市经济发展和产业结构有着重要关系。

（2）居住用地

居住用地为煤炭企业工作人员提供生活住所,主要包含矿区职工公寓、住宅及配套的开发空间。

（3）商业用地

商业用地是指为矿区内人员生活、生产服务所需而提供的用地,主要包含便利店、餐饮店、超市等。

（4）公共管理与服务用地

公共管理与服务用地是指矿区煤矿企业的行政办公用地、文化设施用地、教育科研用地、体育用地、医疗卫生用地、社会福利设施用地等,是支持矿区生产和生活的属于公共服务类的用地。

（5）道路与交通用地

较高的交通可达性是煤炭企业实现物资交易的基本要求,良好的道路交通是保证煤炭企业正常运转的基础。为了满足矿区内人流和车流的集散,矿区内部应具备合理的路网以及相应的交通配套设施。

（6）仓储用地

仓储用地是指服务于煤炭企业资源储备,用于管理、运输和仓储煤炭资源、生产资料等的用地。

由于土地权属及其再开发可能性的限定,本书所研究的矿区土地主要为矿区内工业用地,包括工业厂房用地、道路用地、废弃的专为煤炭生产服务的仓储用地以及为职工日常工作生活的用地等,即符合城市规划的矿区土地。

1.2.4 资源枯竭型矿区土地利用现状

1.2.4.1 矿区土地以工业用途为主

工业用地是承载矿区建设的基本用地,其占比最高,而服务于矿区主业发展的配套设施比重相对较少。[21]例如,河北省某矿业集团矿区共有土地 131 宗,其中工业用地占全矿区用地比重的 75.5%(见图 1-1),另一矿区土地利用中,工业用地比重也高达 61.0%(见图 1-2)。从土地规划视角看,城市建设用地结构比例为:居住用地占 20%~30%;工业用地占 15%~25%;道路广场用地占 8%~15%;绿地占 8%~15%;其他用地约占 15%。由此可见,矿区土地纳入城市建设用地储备开发,用地功能布局极不合理。

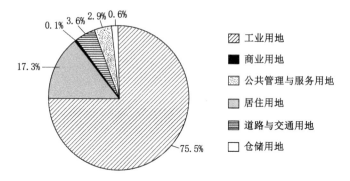

图 1-1　2016 年河北某矿业集团土地利用比重

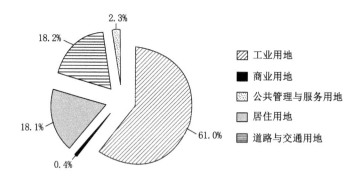

图 1-2　2016 年河北某矿区土地利用比重

1.2.4.2　划拨或授权经营用地占比较大

新中国成立以来,我国煤炭企业经历了由计划经济向市场经济的转变,土地权属性质具有划拨、授权经营、出让三种类型,其中以划拨或授权经营为主,其比重可达 60%~80%。例如,山西某矿共有土地 30 宗,其中划拨土地 9 宗,总面积为 336.0 亩(1 亩≈666.67 平方米),占总用地面积的 25.0%;授权经营土地 20 宗,总面积为 999.7 亩,占总用地面积的 74.4%;出让土地 1 宗,被开发为超市,总面积为 8.3 亩,占总用地面积的 0.6%(见表 1-1)。

表 1-1 山西某矿区土地使用权属类型统计

使用权类型	用地面积/亩	占总用地面积百分比/%
划拨土地	336.0	25.0
出让土地	8.3	0.6
授权经营土地	999.7	74.4
总用地面积	1 344.0	100.0

1.2.4.3 土地利用粗放且生态环境较差

传统粗放、低效的煤炭资源开采方式,对矿区生态环境带来极大影响。因资源开采,矿区用地往往呈现地表塌陷、道路环境差、伴生资源堆放造成地表污染、废弃物处理不到位造成水资源污染等现象。[21] 到目前为止,我国大部分矿区在土地利用上,均已完成基础设施建设,甚至随着矿区发展建设,配套设施逐步完善。但是,矿区土地利用以厂房建设为主,存在大面积的堆放空间,如矸石山堆放场地、废弃物处理厂等,使得矿区土地利用整体建筑密度低,土地利用效率低。同时,传统粗放的煤炭资源开采方式,导致矿区生产、生活空间生态环境相对较差(见图 1-3)。

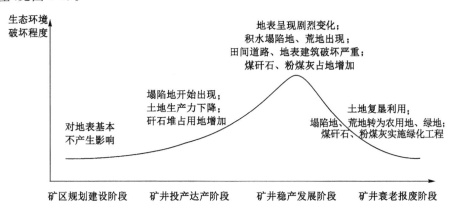

图 1-3 矿区土地利用对生态环境的影响变化

1.2.4.4 矿区区位决定土地集聚效应强

矿区土地利用经过多年建设发展,区域地块的基础设施建设业已成熟,周边商业配套服务得到一定发展。随着资源型城市的发展,原本位于城市边郊的矿区用地,成为城市存量土地挖潜的重要关注对象,甚至成为城市发展的新中心区域。[21] 伴随城市产业结构调整,资源枯竭型矿区如果开发得当可能会成为城市工业产业集聚发展或者现代服务业集聚发展最有活力的地区。

1.3　资源枯竭型矿区土地退出存在的问题

1.3.1　缺乏顶层设计,土地退出约束多

1.3.1.1　现有的土地退出途径有一定的局限性

目前,矿业用地法定退出途径主要有两种:一是参照国有建设用地标准,矿业用地根据不同情况可分为归原拥有矿业用地的企业使用、国家闲置收回和提前收回三种情况。二是按照集体所有土地规范,退出途径可分为:已损毁的无法恢复原用途,但原集体经济组织愿意保留的土地,返还集体;生产过程中破坏的国家不征用的土地,复垦后仍归原集体经济组织使用。上述土地退出路径明显无法包含所有矿业用地退出的情形,对已征用但没有破坏土地的处理没有做出明确的规定。

1.3.1.2　采矿年限与矿业用地使用年限不匹配

按照现行法律规定,采矿用地使用权一般为50年,而采矿权方面的采矿许可证有效期最长为30年。矿业用地使用权和矿业权两者的期限差异,会导致下列现象产生:一个服务年限、采矿年限均为30年的矿山,若获得50年的矿业用地使用权,在剩余的20年,原土地使用权人既无法自主确定土地的功能,又要多支付20年的土地使用权费。

1.3.1.3　现行的土地政策着力点存在结构错位

近年来,我国相继出台的相关政策,推动了存量土地再开发。但现行政策仍然聚焦土地使用环节的调整和优化,对出让、使用、转让等环节在内的土地利用模式整体考虑不足。同时,对企业的长期利益考虑不够,导致用地主体对土地的再开发动力不足。

1.3.1.4　土地再利用制度缺乏效率和公平性

在"调结构、促转型"的背景下,资源枯竭型矿区土地再利用是必由之路。然而,我国矿区土地再开发,一方面,存在诸多制度障碍,严重阻碍了矿区土地再开发的市场化盘活路径,缺乏效率;另一方面,各类规定纷繁复杂,缺乏科学依据和系统性,缺乏公平性。[21]

1.3.2　权属关系复杂,开发利用效率低

大部分国有大型矿山企业隶属省级部门垂直管理,自成一体。所谓"城中之

城"指的就是这种企业和地方政府之间的存在状态,大企业与小政府的格局带来诸多矛盾,权属上的复杂关系及封闭独立的地理位置给存量土地的再利用带来诸多障碍。很多矿区矿井关闭后,部分工业厂房和设备由于产权不明晰、管理权限不明确,没有经过充分论证就被拆除,导致一些具有较高文化价值和一定经济价值的工业遗产灭失。[22]

基于资源枯竭型矿井关闭带来的产业转型的压力,开发利用矿区土地资源成为必然,所以许多矿山企业开始为自己拥有的土地寻找新的用途,许多城市也针对这类用地提出一些工业用地退出的政策。但这种"一地一策"的管理缺乏科学性与顶层设计,不能满足土地收益分配与产权流转机制的公平与效率,直接导致市场机制对资源枯竭型矿区土地退出的推动和高效配置作用缺失,对矿区土地退出指导性不强,无法满足矿区的现实需求。部分地区工业用地土地退出相关政策见表 1-2。

表 1-2　部分地区工业用地土地退出相关政策

地区	政策主要内容
沈阳市	有偿收回登记为工业类用途的划拨土地时,按照在工业用地使用权评估值的基础上增加不超过规划用途高出部分的 40% 予以补偿
徐州市	土地用途不改变,仍由煤炭企业作为用地主体的,可保留原土地使用方式; 用地主体改变时,需要采取协议出让的方式进行变更,当地政府按净收入的 40% 的比例收取土地出让金; 土地用途改变时,需要把该地块列入当地政府的土地储备计划,并采取公开上市的形式进行出让,由当地政府和煤炭企业按 5∶5 的比例对所获得的土地净收益进行分配
宁波市	企业改制时不改变土地用途,但进行土地资产重组、转让或利用闲置土地发展第三产业的,应当按新的土地用途评估确认价的 20% 缴纳土地使用权出让金; 按租赁方式处置土地使用权的,土地年租金按土地评估确认价的 20% 乘以还原利率确定; 以土地使用权作价出资(入股)方式处置的,其土地评估确认价的 40% 部分,按企业隶属关系由所在地的人民政府委托有资格的国有股权持股单位统一持有,其土地使用权可依法转让、出租、抵押
邢台市	部分地块原功能退出后,土地出让金的 90% 归企业所有,10% 为政府所有
荆州市	企业原土地用途变为经营性土地的,企业与政府的收益比例为 88∶12
太原市	对于纳入储备计划的工业土地,给企业的补偿标准为土地公开出让起始价的 40%

2　资源枯竭型矿区土地退出与再利用利益相关者

2.1　资源枯竭型矿区土地退出与再利用利益相关者内涵界定

利益相关者理论发起于 20 世纪 60 年代,成长于对主流企业理论的"股东至上"论断的抨击,服务于企业管理和企业发展,后逐渐被人们接受并被许多学者当作一种解释和认识企业的工具。[23]多数学者就利益相关者理论的两个核心问题(利益相关者界定和利益相关者分类)进行了深入研究。表2-1梳理了利益相关者理论研究的三个阶段。[24]

表 2-1　利益相关者理论研究的三个阶段

阶段	年代	主要观点	代表性人物
影响企业生存	20 世纪 60—80 年代	利益相关者是企业生存的必要条件,是相互依存的关系	斯坦福研究所;瑞安曼,安索夫;菲佛,萨兰蒂
实施战略管理	20 世纪 80—90 年代	强调利益相关者在企业战略分析、规划和实施中的作用	弗里曼,古德帕斯特,鲍伊,阿尔哈法吉
所有权分配	20 世纪 90 年代至今	利益相关者应该参加企业所有权的分配	米切尔,阿格莱,伍德,唐纳森,佩斯顿;琼斯;威克斯,克拉克森

2.1.1　利益相关者定义

1963 年,斯坦福大学的一个研究小组首次界定了利益相关者的内涵,随着学术的不断进步,目前利益相关者的定义已达 30 多种。国外学者普遍认为企业的利益相关者相对较多。成为企业利益相关者的条件是,必须具有合法性、权力性和紧急性这 3 种属性中的至少一种。[25]国内学者在综合国外学者相关研究的基础之上,定义了利益相关者的基本概念。表 2-2 和表 2-3 列出了国内外比较有代表性的观点。国内外专家学者对利益相关者概念的理解基本相同,都是指影响企业或者被企业所影响的群体及个人。

表 2-2　国外学者对"利益相关者"的代表性定义

学者	主要观点
弗里曼(1983)	利益相关者是指组织为了实现其目标必须依赖的人
康奈尔(1987)	利益相关者是指与企业有契约关系的要求权人
埃文和弗里曼(1988)	利益相关者是指因企业活动而受益或受损的人,他们的权利因企业活动而受到侵犯或受到尊重
卡罗尔(1989)	利益相关者是指在企业中下了一种或多种赌注的人,他们能够以所有权或法律的名义对企业资产或财产行使权利(法律上的和道德上的权利)
麦尔和琼斯(1992)	利益相关者是指那些对企业有合法要求权的团体,他们通过交换关系存在而建立起联系,即他们向企业提供关键性资源,以换取个人利益目标的满足
布伦纳(1993)	利益相关者与某个组织有着一些合法的、不平凡的关系,如交易、行为影响及道德责任
朗希(1994)	利益相关者对企业拥有道德的或法律的要求权,企业对利益相关者福利承担明显的责任
克拉克森(1994)	利益相关者在企业中投入了一些实物资本、人力资本、财务资本或一些有价值的东西,并由此而承担了某些形式的风险;或者说,他们因企业活动而承担风险
唐纳森(1995)	利益相关者是那些在企业活动过程中及活动本身有合法利益的人和团体

表 2-3　国内学者对"利益相关者"的代表性定义

学者	主要观点
杨瑞龙(2000)	利益相关者依靠企业来实现个人目标,而企业也依靠利益相关者来维持生存
钟耕深(2001)	利益相关者是指在公司拥有一份利益,因为公司的活动而有所得或有所失的个人或群体
赵德志(2001)	凡是与企业产生利益关系,从而与企业发生双向影响的个人和团体,都是企业的利益相关者
贾生华(2002)	利益相关者是指那些在企业中进行了一定的专用性投资,并承担了一定风险的个体和群体。这类个体和群体的活动能够影响该企业目标的实现,或者受到该企业实现其目标过程的影响
楚金桥(2003)	广义的利益相关者:凡是能够影响企业决策或受决策影响的个人和群体;狭义的利益相关者:在企业中投入专用性资产且处于风险状态的个人和群体
沈泽宏(2003)	广义的利益相关者:凡是能影响企业活动或者被企业活动所影响的人;狭义的利益相关者:只是在企业中下了"赌注"的人或团体,即在企业中投入了专用性资产的人或团体
刘利(2008)	利益相关者是指那些在企业中进行了一定的专用性投资,或与企业有一定的直接的或间接的、长期的或短期的互动关系,并承担了一定的风险,其活动能够影响该企业目标的实现,或受到该企业实现目标过程影响的个体和群体

本书将利益相关者理论引申到矿区土地退出与再开发过程中,认为土地退出与再开发中的利益相关者,是对资源枯竭型矿区土地存量价值进行挖掘时,受影响的个人或群体组织。这些影响可能是外在的,也可能是内在的。根据利益相关者理论的观点,资源枯竭型矿区土地退出与再利用利益相关者的利益具有潜在价值,利益相关者之间可分享各自应得的收益。矿区土地退出的一大目标是为参与土地退出与再利用过程的利益相关者提供更多的利润回报和收入,也就是说分享更多的土地增值收益的前提条件是不能牺牲一些相关者的利益。

2.1.2　利益相关者分类

国内外学者对利益相关者分类问题研究很广泛。其中,"多维细分法""广义利益相关者分类法""米切尔评分法"均是引人瞩目的成果。[26-27]多维细分法是根据利益相关者的多维度特质进行分类,国外研究者采用多维细分法取得了较多的分类成果。多维细分法使得人们对于利益相关者的概念更加清晰,初步掌握了利益相关者分类方法的基本应用。

国外研究对利益相关者的分类情况,见表2-4。

表 2-4　国外研究对利益相关者的分类情况

学者	分类标准	分类结果
弗里曼(1984)	所有权、经济依赖性、社会利益	对企业拥有所有权的利益相关者、与企业在经济上有依赖关系的利益相关者、与企业在社会利益上有关系的利益相关者
弗雷德里克(1988)	是否发生市场交易关系	直接利益相关者、间接利益相关者
萨维奇(1991)	对企业的威胁或合作的潜在可能性	支持的利益相关者、边缘的利益相关者、不支持的利益相关者、威胁与合作兼有的利益相关者
查尔卡(1992)	是否存在交易性合同	契约型利益相关者、公众型利益相关者
克拉克森(1994)	承担风险种类	自愿利益相关者、非自愿利益相关者
韦勒(1998)	与企业发生联系的社会性与紧密性	首要社会利益相关者、次要社会利益相关者、首要非社会利益相关者、次要非社会利益相关者
塞尔哈特(2001)	权力性、合法性、紧急性	确定型利益相关者、预期型利益相关者、潜伏型利益相关者
沃克(2002)	对企业承诺的不同层次加以评估,按态度和行为的忠诚度进行划分	完全忠诚型利益相关者、易受影响型利益相关者、可保有型利益相关者、高风险型利益相关者

米切尔评分法是美国学者提出的一种新的分类方法。该方法使得利益相关者理论的应用范围更广,同时也为利益相关者的分类提供了一种更具操作性的模式。至今,学术上广泛采用的就是米切尔评分法。

我国学者通过借鉴国外专家、学者的研究成果,并根据中国利益相关者理论的实际发展现状,从多角度、多方面提出了对利益相关者的一些分类方法。国内研究对利益相关者的分类情况,见表2-5。

表2-5 国内研究对利益相关者的分类情况

学者	分类标准	分类结果
万建华(1998)	是否与企业有正式的契约	一级利益相关者、二级利益相关者
陈宏辉(2002)	利益相关者的主动性、重要性和紧急性	核心社会利益相关者、蛰伏利益相关者、边缘利益相关者
徐金发(2006)	利益相关者在企业中的地位	主导型利益相关者、接受型利益相关者以及间接型利益相关者
郝桂敏(2007)	企业实力和企业需求	重要利益相关者、次要利益相关者、一般利益相关者
盛亚(2009)	利益和权力	确定型利益相关者、预期型利益相关者、潜在型利益相关者
汪洪(2011)	与项目的密切性	一般利益相关者、核心利益相关者、边缘利益相关者

根据米切尔评分法定义的利益相关者属性,矿区土地退出中的利益相关者属性分别为:① 合法性,即某一群体在制度层面对再开发利用的影响程度,直接反映了该主体的社会地位。[28] ② 权力性,某一组织与再开发有着什么程度的联系,影响方式是属于直接影响还是间接影响。③ 紧急性,以实现最大化利益为目标,主体之间希望通过再开发方式达到什么样的效益。利益相关者属性,见图2-1。

矿区土地退出中涉及的利益群体众多,包括政府部门、煤炭企业、开发商、社区居民等,这些利益相关者对土地退出过程的影响程度较大;还有一些利益相关者,诸如专家、学者、金融机构、非政府组织等,他们与土地退出无直接联系,影响作用相对较小。矿区土地退出中的利益相关者,见表2-6。

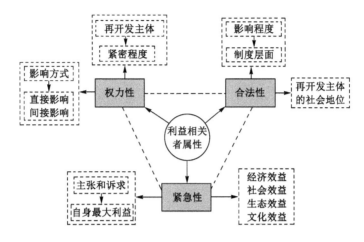

图 2-1 利益相关者属性

表 2-6 矿区土地退出中的利益相关者

利益相关者	基本属性	属性特点
政府部门（中央政府、地方政府、当地国土资源主管部门、其他行政主管部门）	合法性、权力性、紧急性	影响程度高、直接关联、高紧迫性
煤炭企业	合法性、权力性	影响程度高、直接关联
开发商	权力性	直接关联
社区居民	紧急性	高紧迫性
专家、学者、金融机构、媒体、非政府组织等	合法性	影响程度低、非直接关联

2.1.3 矿区土地退出与再利用利益相关者内涵

利益由"主体、客体、中介"三个关键要素组成。利益主体拥有利益的所有权。不存在脱离了利益主体的利益，利益必须依托于利益主体而存在，利益主体是利益存在的前提条件。[29] 利益客体是利益的载体或者承担者。利益依附于一定的客观对象而存在。利益中介是联系主客体的介质，表现在利益主体之间产生利益冲突和利益协调的演变过程中。利益构成要素，见图 2-2。

资源枯竭型矿区土地退出与再利用的过程伴随着对原有土地产权关系的重新调整、土地增值收益的再分配，是利益相关者活动的集合。资源枯竭型矿区土地再利用可以看成一个由利益相关者与其活动载体、活动内容构成的系统。资源枯竭型矿区土地再利用利益相关者内涵，见图 2-3。

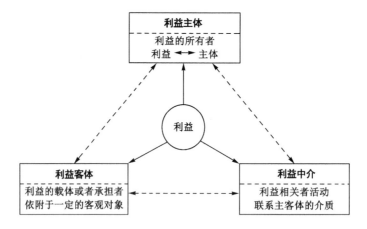

图 2-2 利益构成要素

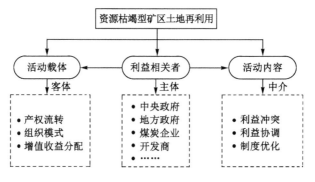

图 2-3 资源枯竭型矿区土地再利用利益相关者内涵

2.2 资源枯竭型矿区土地退出与再利用利益主体

在资源枯竭型矿区土地退出与再利用的过程中,政府与市场、政府与社会两权分离致使利益相关者之间利益格局不断变化,政府主导的自上而下的开发模式逐渐向市场主导型转变。矿区土地的使用者——煤炭企业和改造者——开发商,都是资源枯竭型矿区土地退出与再利用过程中的直接参与者,他们不同程度地影响着矿区土地再利用的进程和矿区土地今后的价值。近些年,随着社会公众环境意识的逐渐加强,广大居民也纷纷参与到资源枯竭型矿区土地的退出与再利用过程中并占据重要的作用,政府部门(中央政府、地方政府及其他部门)、煤炭企业、开发商、金融机构、媒体、学者等构成了影响资源枯竭型矿区土地退出与再利用的利益相关者,这些利益相关者在资源枯竭型矿区土地退出与再利用过程中既相互联系又相互制约,形成了一种错综复杂的关系网络(见图2-4)。

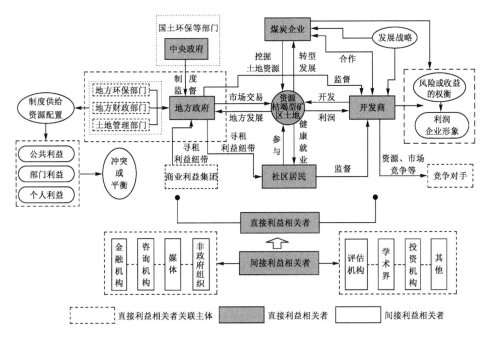

图2-4　资源枯竭型矿区土地退出与再利用利益相关者关系网络

结合国内外研究进展,根据表2-6中各利益相关者的基本属性和属性特点,资源枯竭型矿区土地退出与再利用中的利益相关者可分为直接利益相关者和间接利益相关者。矿区土地退出与再利用利益相关者划分,见表2-7。

表2-7　矿区土地退出与再利用利益相关者划分

类别	利益相关者
直接利益相关者	政府部门、煤炭企业、开发商、社区居民等
间接利益相关者	金融机构、非政府组织、媒体、专家、学者等

2.2.1　直接利益相关者

中央政府、地方政府、煤炭企业、开发商以及社区居民对资源枯竭型矿区土地退出与再利用有着直接的影响作用,他们的诉求关系到资源枯竭型矿区土地退出及再利用方案的制定、项目的开展以及规划的具体落实,对矿区存量土地资源的集约节约利用有着重要意义。直接利益相关者在资源枯竭型矿区土地退出与再利用中的角色定位及价值取向，见表 2-8。

表 2-8　资源枯竭型矿区土地退出与再利用利益相关者角色定位及价值取向

直接利益相关者	关注点	角色定位	价值取向
中央政府	社会效益、政治效益、经济效益	制定土地利用政策、监督地方政府	经济可持续发展、促进社会稳定、规范土地交易市场秩序、避免国有资产流失、促进资源型城市转型
地方政府	经济效益、政治效益	政策执行者	实现政绩、维护良好的形象、增加财政收入、促进地方经济发展
煤炭企业	经济利益	政策实施者	转型发展、利润最大化、与地方政府形成良好的合作关系
开发商	经济利益	——	利润最大化、维护企业形象
社区居民	个人利益最大化	监督、反馈	生活水平提高

2.2.1.1　中央政府

中央政府的职责是为人民提供公共产品和服务，不能通过制度安排实现私利，更不应该利用政策来达到这种目的。[30] 中央政府站在全局的角度制定和执行相关制度与政策，在资源枯竭型矿区土地退出与再利用中发挥重要作用。

（1）资源枯竭型矿区土地退出与再利用制度的供给者，追求综合效益同步提高

中央政府是资源枯竭型矿区土地退出与再利用改革方案的设计者和主导者，是直接意义上的管理者。中央政府代表广大人民的利益。在制定相关政策与制度的过程中，首先，中央政府站在国家利益的角度，综合考虑全局利益和社会可持续发展，将资源枯竭型矿区土地退出与再利用与国家经济发展、产业结构调整、环境优化相结合，实现土地的可持续利用；其次，中央政府还要对土地的权能、用途、性质、利用强度加以规定，并明确土地再利用过程中的收益分配对象、方式、比例等；最后，资源枯竭型矿区土地再利用是一项综合性的工作，中央政府需要关注的是如何充分利用存量土地资源实现经济效益、社会效益和生态效益的综合性提高。

（2）资源枯竭型矿区土地利益关系的协调者和监督者，承担宏观调控的职能

中央政府希望控制增量土地开发的力度，尽可能盘活存量用地，提升用地效

率。中央政府的行为不仅直接干预资源枯竭型矿区土地退出与再利用,还通过利益调整机制协调资源枯竭型矿区土地退出与再利用的利益关系。一方面,土地退出与再利用直接影响地方政府的土地财政收入,容易出现"土地财政"现象,造成依靠增量土地创造财政收入、忽视存量土地再利用的不良后果,降低了土地再利用的效率。另一方面,我国建设用地出让制度要求土地出让金一次性支付,这种制度安排的结果使得在任公职人员享受到出让收益,而后续接替公职人员却要承担交易成本,造成土地出让收益和交易成本分配在不同届政府人员之间失衡,容易出现地方官员疯狂卖地、片面追求政绩提高的现象。

依据《国务院关于深化改革严格土地管理的决定》,政府具有盘活低效用地获取收益的权利,地方各级政府需要有保护和合理利用土地的高度责任感。中央政府的政策性规定督促了地方政府盘活存量土地、市场化配置土地资源的积极性,避免其依靠增量建设用地的增加来获取财政收入,能够为城市化建设提供资金支持。由此可以看出,中央政府对土地退出与再利用绩效有很大影响,起着其他社会组织无法替代的作用。

(3)通过获取地租增加财政收入

地租由土地出让收益、土地作价入股股权收益、土地租赁收益构成。地租分为绝对地租和级差地租,是国家征收的土地使用者使用土地产生的剩余劳动和剩余价值。依据《土地管理法》,国有土地所有权只能由国务院行使,中央政府拥有城市土地的所有权。中央政府对土地所有权的垄断地位决定了其需要收取一定比例的地租,无论用地类型如何、用地企业是否获得利润。在市场配置资源的经济条件下,国家土地所有权的实质是中央政府凭借所有权地位能够参与资源枯竭型矿区土地退出与再开发增值收益分配。

2.2.1.2 地方政府

土地退出与再利用过程是利益重新分配过程,在这个过程中,地方政府既是工作的直接实施者,又以"经济人"的身份参与到利益重构中。地方政府在土地退出与再利用中立足于自身利益,秉着充分体现自己工作的能动性和主动性、增加地方工作绩效的原则,在现有利益格局下通过土地退出与再利用增值收益分配获得大于现有的利益价值。

(1)矿区土地退出与再利用的实际操控者

地方政府代表中央政府执行相关政策,具有变更用地性质、批准用地许可、以税收优惠吸引投资者的权力,肩负着对于本区域内矿区土地退出与再利用的工作。地方政府是资源枯竭型矿区土地退出与再利用的决策者,对保障社区居民健康的生活环境、良好的社会秩序有着不可推卸的责任与义务。地方政府的行为直接关系到地区的经济发展,并对其他地区及投资者产生较强的影响作用。总之,地方政府在资源枯竭型矿区土地退出与再利用工作中扮演着多重角色。

(2)追求工作绩效,提升地区形象

地方政府是公共利益的代表,从政府部门利益的角度出发,地方政府希望以矿区工业废弃地的再利用作为切入点,通过招商引资、制定制度、构建机制、管理调控等手段化解各方矛盾,吸引投资者进行投资、促进地区产业结构调整和城市功能优化,实现经济效益、社会效益和环境效益综合提升的整体目标。通过矿区土地的有效利用可建设一批有益于环境优化的小广场、公共绿地、人造湖等,或者发展其他产业,建设一批能够提高地区经济发展水平以及城市整体形象的工程,提高执政能力。

(3)希望土地财政收入增加,同时兼顾地区稳定

地方政府代表地区的利益,希望通过矿区土地"收储(收购、储备)、招拍挂"获取更多的经济收益。这些经济收益是地方政府财政收入的一个渠道,被称为"第二财政"。此类经济收益主要来源于两个方面:开发商取得建设用地使用权向地方政府缴纳的土地出让金以及开发商通过土地经营开发活动获利缴纳经营性税收为地方政府带来的税收。和财政拨款相比,地方政府对这部分"第二财政"的支配受到的限制和监督较少,在使用上灵活性程度相对较高。

近些年,房地产行业的繁荣发展使得各级地方政府将这部分财政收入作为城市发展新的经济极。地方政府更希望选择房地产开发商作为新的矿区土地使用者。虽然房地产行业产生的利润相对较高,在一定程度上会带动相关产业的发展,但其产生的巨额收益是一次性的、短期的、不可持续的。因此,地方政府会站在宏观的角度,利用矿区土地来大力发展能为地方带来稳定收益的第三产业,真正实现资源型城市的转型,避免深陷"资源诅咒"的怪圈。

2.2.1.3 煤炭企业

本书中的煤炭企业是指资源型城市中由于资源枯竭而破产倒闭或迁出城市中心的工业企业及其上级主管部门(直接隶属于国家或省政府的矿业集团或矿务局等)。在资源枯竭型矿区土地再利用中,煤炭企业希冀通过盘活"存量土地资源"实现转型发展,并获取直接经济收益,解决大批下岗职工的就业安置问题。

(1)挖掘存量土地资源,显化土地价值

我国矿业用地一般由国家划拨、授权经营或出让而得,目前实际煤炭企业占有土地资源较为丰富,但是只有出让用地产权相对完整,划拨用地和授权经营用地只有部分权能。然而,我国煤炭企业土地取得方式大部分为授权经营和划拨,

出让用地占比相对较少。授权经营和划拨只能在公司内部进行转让或租赁,处置也必须经过国家同意,无足够的法律保障;出让用地,对于企业拥有的占有、使用、收益、处分等多种权能,能够为企业融资、资本运营提供支持。因此,若将授权经营或划拨土地变性为出让土地需要支付大量的出让金,必将增加企业的运营成本。如何将土地资源资产化、土地资产资本化是煤炭企业需要考虑的问题。

(2) 利用原有土地资源进行转型发展

矿井关闭后,煤炭企业承担着大批下岗职工的安置问题,社会责任重大,根据国家"退二进三"(在产业结构调整中,缩小第二产业,发展第三产业)的政策鼓励措施,煤炭企业可以利用原有土地发展替代产业,达到增加产值及利润、解决下岗职工就业问题、弘扬企业文化的目的。矿区生产用地进行系统开发都需要投入大量资金,这势必会使本已举步维艰的煤炭企业形成较大的资金缺口,需要得到政府的支持。一般来说,矿区土地传统的再利用模式主要有三种(见表2-9)。三种模式各有优缺点,目前比较常见的是国家收回(即土地收储)和发展第三产业,这对于促进煤炭企业的转型发展具有重要意义。

表 2-9 矿区土地传统的再利用模式比较

退出与再利用模式	政府	煤炭企业
国家收回	有利于城市统一规划和建设、增加财政收入	只能获得一次性经济补偿,无持续的经济收益
变更用地性质,自行发展第三产业	不利于政府统一规划	能够获得持续的经济收益
不变更用地性质,发展新工业项目	存在与地方政府的城市发展规划和利益取向相背离的可能性	能够获得持续的经济收益,但就业门槛高,只能解决部分员工就业

2.2.1.4 开发商

城市规划范围内矿业用地的退出与再利用不仅是政府关注的焦点,同时也是开发商投资的机遇,开发商扮演着"投资人"的角色。在资源枯竭型矿区土地再利用的过程中,开发商通常关注的是土地所具有的地理区位优势,希冀通过对地块的开发,挖掘经济增长潜力,提高资产总额,扩大市场份额。矿业用地是早期工业化的产物,大多位于城市较好地带,这里工商业集聚、交通便利、商业价值较高。通过引入金融、信息、研发、物流等价值较高的产业,资源枯竭型矿区土地再利用可以产生更高的效益。开发商需要获得矿区土地使用权进行经营性房地产开发。在开发的前期,开发商会分析可能发生的风险,通常考虑的是如何满足其明确的战略意图和投资收益。

开发商的本质追求是自身利益的最大化。开发商首先要追求的是企业的利润最大化。在与政府的谈判中，希望政府在土地供给以及税收政策等方面能够提供尽可能多的优惠条件，以最少的时间收回成本，并获取最大的利润回报。基本上每一时期地方政府都会有新的建设用地供应，不同的时期吸引开发商投资的因素不同。开发商通常会优先考虑再开发项目带来的利润大小，除非有明确的开发意图、充足的资金来源，否则经验丰富的开发商不会盲目地决定投资土地再开发项目。我国资源枯竭型矿区土地再利用的解决方案之一应从降低开发商的成本入手，以政策引导开发商与煤炭企业、其他投资机构合作，调动开发商的积极性。

2.2.1.5 社区居民

本书中的社区居民包括关闭矿井影响的国有企业下岗员工和家属以及城市市民。社区居民主要追求生活环境优化、个人经济收入提高、社会健康稳定，并对涉及自身利益的土地政策和措施作出集体回应。一般来说，城市市民将改善人居环境、降低环境污染、提高健康水平放在首要位置，因此他们渴望将矿区土地改造为公共空间；而国有企业下岗员工希望煤炭企业或政府能够为之提供新的就业岗位，利用矿区土地实现产业转型成为其诉求。

社区居民的积极参与对资源型城市的建设有指导和帮助作用，同时社区居民对自身生活环境的改造提出意见是对切身利益和需求的主动表达，也是对其主人翁地位的捍卫。通过分析直接利益相关者的角色定位及价值取向可以看出，社区居民与地方政府振兴地方经济的目标和开发商获取更多利润的目标是不一致的，在矿区土地再开发的过程中社区居民总是处于弱势地位，被动参与、无话语权。但是，社区居民是最直接的消费者，他们的参与对于资源枯竭型矿区土地退出及再利用的价值实现具有重要的影响作用。

2.2.2 间接利益相关者

间接利益相关者主要包括专家学者、非政府组织、咨询机构、新闻媒体、政策性和商业性银行、金融性公司、国际金融机构、国外政府贷款或者其他外资提供者等。间接利益相关者并不直接参与矿区土地再开发，而是通过作用于直接利益相关者为矿区土地再开发项目提供贷款或者援助资金等外部条件而与矿区土地再开发产生了利益关系，成为间接的矿区土地需求者和矿区土地再开发利益相关者。由于间接利益相关者影响作用主要通过直接利益相关者表现，本书不再着重分析。

2.3 资源枯竭型矿区土地退出与再利用利益中介

资源枯竭型矿区土地退出会引起利益相关者之间对现有的利益格局产生不满情绪,甚至会形成彼此冲突。主体之间博弈的过程,也是协调各目标、各组织和各利益相关方冲突的过程。根据这一范式,在矿区土地再利用中利益相关者活动内容也是其利益冲突、利益协调(解决冲突)、制度创新(新的制度规则规避冲突)的过程。

资源枯竭型矿区土地退出与再利用中利益相关者的活动过程,见图 2-5。

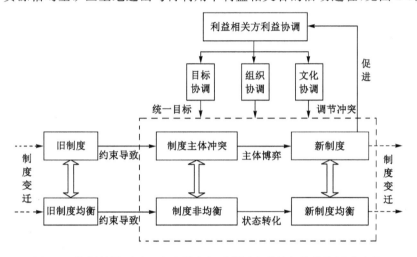

图 2-5 资源枯竭型矿区土地退出与再利用中利益相关者的活动过程

人或组织的逐利性往往会使其为了自身利益以权谋私,这就导致了利益冲突的发生。所以说,人或组织的逐利性和以权谋私行为是导致利益冲突发生的两个基本要素,只有明晰利益冲突的本质才能真正解决利益冲突。人或组织之间利益冲突的形成过程,见图 2-6。避免利益冲突的发生可以从防止人或组织的自私本性和规避以权谋私的机会为切入点。但是,人或组织的自私本性往往是主观的,在后期基本很难改变,所以只能从控制人或组织以权谋私的机会入手。防止利益冲突需要建立一定的制度安排,约束利益相关者投机倒把、以权谋私的行为。利益冲突是利益双方在争夺利益的过程中由于彼此之间的矛盾而产生的利益纠纷,当趋于激化时就会表现出一种对抗性的互动行为。在社会发展的任何阶段,土地资源的稀缺性都是普遍存在的。

由此,从以煤炭企业为主导的资源枯竭型矿区土地再利用模式的流程看,地

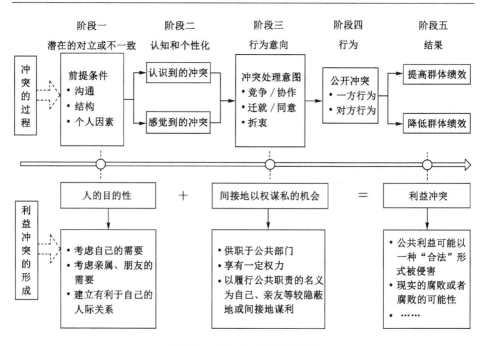

图 2-6 利益冲突的形成过程

方政府对矿区土地再利用主要实施监督、监管职能,负责对矿区土地再利用全生命周期的把控;煤炭企业主要负责矿区土地整理、开发和运营,并为实现对矿区土地的高效再利用、科学运营管理而积极吸引开发商对矿区土地进行投资和运营。通过对利益相关者界定及利益诉求的分析可知,矿区土地再利用各利益相关者之间存在复杂关系,而纠纷或冲突产生的根源便在于核心利益相关者的利益诉求。由此可见,在矿区土地再利用过程中,形成了以煤炭企业为主导,煤炭企业与政府部门、土地开发商等利益关系的冲突博弈格局(见图 2-7)。

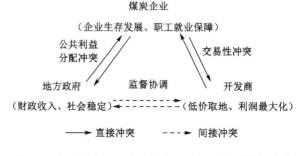

图 2-7 以煤炭企业为主导的矿区土地再利用博弈关系

2.3.1 利益冲突主体分析

2.3.1.1 煤炭企业—地方政府利益冲突

煤炭企业是矿区土地的使用权人和矿区土地再利用的主要投资人,亦是主要被拆迁人——矿区职工的责任人。为此,煤炭企业和地方政府之间的利益冲突,既包含传统政府与被拆迁人之间的利益冲突,也包含地方政府与原产权人之间的利益冲突,还包含地方政府与开发商之间的利益冲突。因此,涉及的多层面利益冲突可划分为三个方面:经济补偿利益冲突、规则性冲突和公共利益分配冲突。

(1)经济补偿利益冲突

经济补偿利益冲突表现为,地方政府或煤炭企业与矿区职工对经济补偿额的满意度。煤炭企业作为矿区职工权益保障的理性"经济人",在利益寻求下,更倾向于企业发展和矿区职工的利益保障。然而,地方政府在经济补偿利益设置上,往往会以城市经济发展现状、煤炭企业经济发展现状、矿区职工原社会保障福利为基础,而忽视了煤炭企业创造的潜在价值,以及矿区居民为获得原本生活而付出的更高成本。因此,以煤炭企业为代表,向政府索取自身企业生存发展和矿区职工的经济补偿,存在多阶段动态博弈。假设地方政府预测矿区土地再利用产生的收益为 M,煤炭企业获取的补偿费占土地收益的比例为 β,则煤炭企业的补偿费为 βM。在第一阶段,煤炭企业存在接受和不接受两种策略,设接受概率为 α,则不接受概率为 $(1-\alpha)$。若接受,博弈结束;若不接受,则第二阶段博弈开始。此时,双方的行动策略为协商和冲突两种。假设协商成功,则煤炭企业获得附加补偿额为 N,协商成功概率为 P,不成功概率为 $1-P$。若协商失败,则矿区土地维持现状,这样给政府带来的损失为 $Q(Q>N+M)$,煤炭企业维持现状造成成本为 C。煤炭企业与地方政府之间经济补偿动态博弈模型,见图 2-8。

在实际过程中,多数煤炭企业不可能接受补偿,且在第二阶段往往以冲突斗争告终。由图 2-8 的博弈模型可以看出,冲突的结构给双方都带来了损失,是最不优的行动方案。因此,在类似矿区土地再利用情形下的地方政府与煤炭企业的利益冲突,采用经济补偿制度是可行的,但不是最科学的,应尝试改变原政策行为,创新矿区土地再利用执行政策。

(2)规则性冲突

地方政府和煤炭企业之间的规则性冲突,主要表现为对土地再利用规则和开发条件上的博弈。矿区土地再利用是矿业城市用于城市经济发展、完善城市功能、调整城市经济结构最突出的存量用地。地方政府从城市长远利益出发,极力推动矿区土地再利用,以期平衡不同区域公共空间产品,提高城市竞争力。为

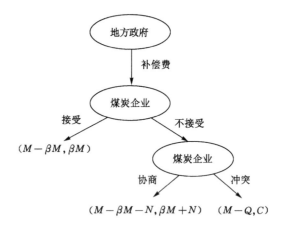

图 2-8　煤炭企业与地方政府之间经济补偿动态博弈模型

此,地方政府试图通过规划引导和控制煤炭企业对矿区土地再利用的行为使之规范。从地方政府的角度而言,城市规划是对地产保值增值的一个重要手段,有利于实现经济利益平衡和保障地方政府财政税收。

城市规划对资源枯竭型矿区土地再利用的控制作用主要表现为三个层次:宏观层次,以城市发展战略为导向,在明确城市发展性质、方向、用地规模的基础上,影响着资源枯竭型矿区土地再利用的产品定位、建设规模总量。中观层次,以城市整体用地布局和功能规划为导向,强调区域土地再利用性质和功能结构,影响着资源枯竭型矿区土地再利用的土地用途、开发强度。微观层次,以城市详细性规划控制为导向,从用地使用控制、建筑控制、形体景观控制、环境容量控制、设施配套控制等五个方面对资源枯竭型矿区土地再利用进行着引导。规划微观层次对资源枯竭型矿区土地再利用的影响,见表 2-10。

表 2-10　规划微观层次对矿区土地再利用的影响

影响层面	影响内容
用地使用控制	用地性质、用地面积、位置、边界范围等
建筑控制	建筑类型、建筑高度、容积率、建筑密度等
形体景观控制	—
环境容量控制	人口密度、绿地率、空地率
设施配套控制	—

然而,在以煤炭企业为主导的矿区土地再利用模式下,煤炭企业作为矿区土地再利用的发起者,同时作为矿区土地已利用情况的最知情者,势必会基于自身

发展利益需求,根据市场变化形势调整矿区土地再利用规划方案,试图利用增加容积率、改变用地性质等方式提高开发强度。

（3）公共利益分配冲突

煤炭企业和地方政府利益冲突的核心焦点之一为公共利益分配。地方政府作为公共利益的监管者,在公共利益分配上,立足全区域视角。煤炭企业作为矿区土地产权人,作为追求经济利益的理性"经济人",更倾向于从局部或个人利益出发,获取公共利益分配。同时,煤炭企业作为矿区土地开发建设长期的投资主体,依据"谁投资、谁受益"的原则,具备获取相应公共利益增值补偿的权利。但是,在矿区土地产权归属问题上,由于我国产权制度政策不尽完善,导致煤炭企业不愿将矿区土地使用权无偿归还政府。同时,在矿区土地基础设施建设上,双方容易因公共利益分配问题难以达成共识而产生争议。

2.3.1.2　煤炭企业—开发商利益冲突

在以煤炭企业为主导的土地再利用模式中,煤炭企业不仅仅是资源枯竭型矿区土地开发的"规划者",同时也是资源枯竭型矿区土地的投资开发者。受资金和企业自身建设运营创新能力的限制,开发商成了煤炭企业合作的首要群体。然而,作为"经济人"的利益相关者,煤炭企业和开发商对资源枯竭型矿区土地再利用均有各自需求,存在利益冲突,且冲突的焦点属于交易性的,两者可以按照市场规则进行讨价还价,最终达成交易。然而,在实际情况中,产权人很难与开发商处于平等交易地位,即煤炭企业和开发商之间的交易往往存在不公平。煤炭企业与开发商之间存在以下利益冲突。

（1）社会利益冲突

依据资源枯竭型矿区土地利用现状进行分析,资源枯竭型矿区土地承载着大量居民和矿区职工,其社会保障均依赖于煤炭企业。为此,煤炭企业在兼顾资源枯竭型矿区土地再利用开发经营产生经济利益的同时,还要充分考虑其对资源枯竭型矿区居民生活保障、矿区职工再就业产生的社会效益。此外,煤炭企业还应保障资源枯竭型矿区多元产权主体的基本利益。根据增长极理论,矿区土地是资源型城市产业转型发展或完善城市功能的核心区域,具有区位优势、政策优势,是开发商愿意投资的地块。因此,以利润最大化为目标的开发商企业,单纯从自身利益出发,寻求低成本、高利润空间的发展区域,以实现自我发展价值,易忽略资源枯竭型矿区土地承载的劳动力安置问题。

（2）市场份额冲突

煤炭企业和开发商存在项目运营收益市场份额的冲突。煤炭企业作为资源枯竭型矿区土地产权人,在资源配置上具有垄断权地位。开发商为获得更好的潜在经济增值效益,往往选择矿区范围内资源较好的地段,例如选择基础设施完善、污染程度较轻等地段,以达到项目运营利润最大化。此时,煤炭企业为保证自身收益,要求从开发商手中获得更多的市场份额,获得更大的经济效益。基于资源配置视角,煤炭企业将从资源枯竭型矿区土地整体发展经济效益出发,给予开发商择优行为一定的阻力,造成双方资源分配协商和谈判难以达成一致。因此,煤炭企业和开发商之间就开发经营市场份额存在的博弈见表 2-11。表 2-11 中的字母表示双方合作的意愿。其中,A、B、C、D 表示煤炭企业合作的意愿,a、b、c、d 表示相对应的开发商合作的意愿,$C>A>D>B$,$b>a>d>c$。

表 2-11　煤炭企业和开发商市场份额冲突博弈矩阵

		开发商	
		合作	不合作
煤炭企业	合作	A,a	B,b
	不合作	C,c	D,d

通过对煤炭企业和开发商之间博弈模型进行分析可知,煤炭企业和开发商利益视角下的最优策略是"不合作"策略。然而,在理性交涉条件下,煤炭企业和开发商的"不合作"策略将会造成双方收益最小化局面。在重复博弈中,如果博弈一方改变自己的"不合作"策略,采取"合作"策略,因未必能保证对方会采取"合作"策略,那么己方的利益可能会遭受更大的损失,双方陷入一种"个体非最优、集体也非最优"的博弈陷阱。为此,在资源枯竭型矿区土地再利用的过程中,煤炭企业应积极采取相应措施,改变此种局面。

(3)基础设施建设增值收益分配冲突

以煤炭企业为主导的资源枯竭型矿区土地再利用模式以煤炭企业为项目发起者,他们负责矿区土地再利用全生命周期的建设,其中包含由原政府负责土地一级开发工作。资源枯竭型矿区土地占地面积广,土地一级开发投资成本较高。煤炭企业虽具有较为雄厚的经济基础,选择一次性买断对资源枯竭型矿区土地的开发整理实则是不明智的举动。为此,煤炭企业采用市场机制,积极引入开发商,共同合作完成资源枯竭型矿区土地一二级联动开发。在此过程中,双方存在因基础设施投资建设而引发的土地增值的矛盾和冲突。在一定的法律和税收条件下,煤炭企业和开发商就基础设施支付调整双方收益。假设:

① 地产开发商的利益函数为:

$$M = H \cdot (P - C) - E_0 \tag{2-1}$$

② 煤炭企业的目标函数为:

$$N = H \cdot (T - P_M) - (E - E_0) \tag{2-2}$$

③ e 表示资本的社会平均利润。

那么:

对于开发商而言,若 $H \cdot (P - C) - E_0 > e$,则愿意投资建设基础设施;

对于煤炭企业而言,若 $H \cdot (T - P_M) - (E - E_0) > 0$,则愿意投资建设基础设施。

其中,上述公式各符号代表的参数含义,见表2-12。

表 2-12　基础设施投资双方收益函数参数表

符号	变量名称	符号	变量名称
M	开发商获得的利润	N	煤炭企业在土地开发项目中所获收益
H	开发商土地使用面积	T	煤炭企业单位面积收取费用
P	单位面积产品价格	P_M	单位面积煤炭企业所增加的福利性支出
C	开发单位面积的直接成本	E	项目开发造成社会环境恶化,负效益
E_0	开发商对公共物品负担的支出		

此外,对于开发建设过程中造成的外部性效应,煤炭企业和开发商存在负担与不负担两种策略。综合考虑经济发展状况、开发效应带来的费用、开发项目性质等因素的影响,就该博弈问题可提出三种博弈矩阵,在对其简化的过程中,可赋予不同情况下的收益单位值。煤炭企业和开发商外部效应博弈矩阵,见表2-13。

表 2-13　煤炭企业和开发商外部效应博弈矩阵

博弈类型	煤炭企业		开发商	
			负担	不负担
斗鸡博弈	煤炭企业	负担	4,4	1,7
		不负担	7,1	−2,−2
囚徒困境	煤炭企业	负担	3,3	−4,7
		不负担	7,−4	0,0
智猪博弈	煤炭企业	负担	5,0	4,4
		不负担	9,−2	0,0

在上述"斗鸡博弈"模型中,在煤炭企业和开发商双方均不负担的情况下,均将失去部分收益。其原因为:一方面,资源枯竭型矿区土地再利用对双方来说,

均能获得超过一般的巨大收益,都有急于将这种利益实现的迫切动机;另一方面,一方总是先行动,造成的既成事实,迫使另一方让步。该模型适用于社会经济发展良好,土地开发具有较大利润空间的地块。

"囚徒困境"模型的纳什均衡只存在一个,在煤炭企业和开发商双方都不愿负担的情况下,开发商则不能进行项目开发。该模型主要针对土地再利用的利益对煤炭企业和开发商双方来说不高的情况,此时,开发负效应费用对盈亏起决定作用。

"智猪博弈"模型的纳什均衡为(煤炭企业负担,开发商不负担)。该情况下,双方利益极不对称,开发项目对煤炭企业来讲收益极大,对开发商来讲则利益空间较小。

综上所述,根据增长极理论可知,资源枯竭型矿区土地再利用对煤炭企业和开发商而言存在较高的开发机会成本,属于"斗鸡博弈"。因此,在面对开发商和煤炭企业基础设施建设利益冲突时,煤炭企业在资源枯竭型矿区土地再利用前,应采取适当措施,鼓励开发商自愿共同负担外部性效应。

2.3.2 利益冲突成因分析

随着城镇化和工业化进程的加速推进以及城乡土地要素市场的逐步发育、模糊产权的潜在价值日益凸显,政府和煤炭企业对土地发展权价值的争夺是再开发利益冲突的本质(见图 2-9)。

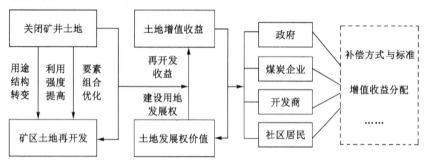

图 2-9 利益冲突本质:土地发展权价值争夺

2.3.2.1 地方政府和煤炭企业利益冲突成因分析

(1)政策制度因素

政策制度因素主要围绕国家目前实施的土地开发产权流转制度展开分析。梳理国家各地土地产权流转实践可知,传统的招拍挂制度无法满足特定区域土地的开发需求,甚至会阻碍土地开发的效率。可见,传统的土地产权制度亦是造成煤炭企业和政府利益冲突的根本原因。

① 土地产权制度阻碍资源枯竭型矿区土地盘活效率

依据资源枯竭型矿区土地利用特征分析,资源枯竭型矿区划拨或授权经营用地比重大。基于我国土地产权理论可知,资源枯竭型矿区土地所有权归国家所有,煤炭企业仅享有矿区土地所有权派生的土地使用权,即土地的控制性权利之一(见图 2-10)。从产权制度看,产权权利的分解和组合以及产权主体的多元化使产权关系越来越复杂,容易出现产权行为博弈化、利益分配自利化、产权关系复杂化等现象。

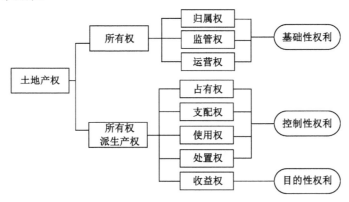

图 2-10　土地产权体系

1937 年,经济学家罗纳德·科斯在《企业的性质》中首次提出交易费用理论。他认为,交易费用指的是度量、界定产权,发现交易对象和交易价格,讨价还价,订立交易合约,执行交易,监督违约并对其制裁及维护交易秩序的费用等。经济学家奥利弗·威廉森认为,交易费用分为两部分:一是实现交易费用,即为签订契约、规定交易双方的权责等所花费的费用;二是事后交易费用,即签订契约后,为解决契约本身所存在的问题,从改变条款到退出契约所花费的费用。随着交易费用概念的广泛使用,这一概念还扩展到包括保证产权(即提供交易条件)的费用,交易当事人为政府解决他们之间的冲突所付出的费用,为确保交易关系长期化、持续化所必须付出的费用成本等。综上所述,交易费用是指经济活动中产生却不能体现在生产成本中的那些费用,即交易的发生是有摩擦、有成本的,而成本就是交易费用。土地开发模式效率和交易费用之间是反向变动的关系,见图 2-11。可见,产权在流转过程中,将增加土地开发的交易成本。

综上所述,受土地招拍挂制度和现有拆迁补偿标准的影响,煤炭企业在资源枯竭型矿区土地产权处置过程中必会产生交易费用,提高资源枯竭型矿区土地再利用运行成本,且在收益既定的情形下,土地再利用效率将明显降低。因此,

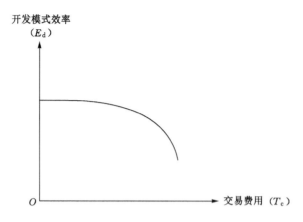

图 2-11 土地开发模式效率与交易费用的关系

传统的招拍挂制度将严重影响煤炭企业对资源枯竭型矿区土地进行自行挖掘的潜力，应通过市场机制来完成产业升级，增加资源枯竭型矿区土地再利用的积极性。同时，传统的土地开发制度由于资源枯竭型矿区空间快速增长所引发的"外溢-回波"效应导致空间成本外溢。此外，现有经济补偿标准偏低，基本不能满足煤炭企业转移发展、职工安置和再生产的需要。

② 土地发展权归属冲突

依据国内外学者对土地发展权概念界定的研究分析，目前，土地发展权的概念分为两大类：一类是狭义的概念，认为土地发展权是农地变更为非农用地的发展权利，即把土地发展权视为农地发展权。另一类是广义的概念，认为土地发展权是改变土地现有用途，进行土地再开发的权利。由于矿区土地个体增值中的用途型增值和强度型增值表示的是土地发展权的价值内涵，故认为土地发展权的概念应界定为土地发展权是土地现有用途的变更与土地利用强度的提高。土地发展权具备价值，其实质是土地用途或强度改变后的土地价格与现有利用状态下的土地价格之差，具体表现为：土地利用强度提高产生的强度性增值和土地用途变更产生的用途性增值。大多煤炭企业是典型的国有企业，在计划经济体制下，通过对矿区划拨用地不断投资开发建设，从土地再利用的开发强度和土地用途变更两个方面大幅提升矿区土地价值，将其发展为具有多功能的复合型土地。因此，矿区土地增值应归属于煤炭企业的贡献。然而，在土地发展权制度上，国家未设有相应的配套政策，导致该项增值收益分配无据可依，造成双方在利益分配上产生冲突。目前，我国土地发展权属于国家所有，由政府管理，原土地使用权人或开发商需要向政府购买发展权，存量土地增值收益以发展权购买方式收归国有。

③ 规划利益调控作用弱化

规划对资源枯竭型矿区土地再利用具有调控作用,主要通过变化区位条件,对土地开发用途和土地开发强度起控制作用。城市规划对资源枯竭型矿区土地功能结构调整,将影响资源枯竭型矿区土地再利用方式。同时,城市规划具备的用地规模控制,有助于抑制高收益用地过度膨胀,保障低收益用地规模,保持资源枯竭型矿区土地开发的合理结构,促进资源枯竭型矿区土地有序开发。

随着我国《城乡规划法》《国有土地上房屋征收与补偿条例》《物权法》等一系列法律条例的颁布,公众参与城市规划的热情与维护自身权益的意识不断提高。"自上而下"为特征的规划决策,因公众立场的不同,故表达的意愿或观点多样,最终还是以利益相关事件的发展态势为关注焦点。公众的不平等地位,使得公众意愿失去公平性。20 世纪 60 年代,西方国家所推行的"新公民参与运动"在当时受到社会普遍质疑,批评者认为公众参与主体的性质、知识水平及参与程序的有效性是影响公共政策的主要因素。为此,这种"多边"参与模式虽然提高了公众参与的整体成本,但也降低了参与效率,而公众参与泛化易造成利益群体参与失衡,甚至导致公众对政府缺乏理性批判。目前,以房地产开发为导向的单一土地再开发路径,存在短视经济利益的问题。若缺乏相应机制约束,潜在的投机开发必将损害公共利益,并将会使区域经济失去长远发展的动力。

可见,公众参与利益群体的失衡,使得规划利益调控作用逐渐减弱。因此,煤炭企业在充分掌握矿区土地利用现状的基础上,势必将倾向于以经济利益为目的,试图变更土地用途、土地利用强度,突破规划对矿区土地开发用途和开发强度的规定。这将影响矿区土地发展权的稳定性和公正性。同时,煤炭企业与政府存在因变更土地用途或增加土地强度而带来的土地增值收益分割冲突。

④ 缺乏基础设施收益分配机制

土地实际开发的过程中,存在一个较为普遍的现象,即政府为缓解自身财政压力,往往将部分需要财政支出建设的基础设施、公共服务设施项目转移到开发商项目开发中。这将增加开发商的成本支出,压缩其利润空间。从经济学解释,政府作为博弈的参与者,其利益最大化是为民众建立健康财政,保障民众的福利要求,促进地产开发似乎符合政府利益最大化的目标。然而,房地产的发展在增加地方税收的同时,由其发展带来的外部性效益,增加了地方财政支出,例如环境污染、交通拥挤、各种卫生设施等公共支出。因此,地方政府想努力转移外部性效益促使自己利益最大化。而开发商在以私人利润最大化为目标的基础上,以能否获得社会平均利润为衡量标准,选择是否接受这种转移。因此,双方的博弈结果,不仅取决于各自的谈判实力,也取决于经济和社会等外在因素。在以煤炭企业为主导的矿区土地再利用模式下,基础设施建设如何处置的问题是煤炭企业和政府双方博弈的重点。

综上所述，以煤炭企业为主导的资源枯竭型矿区土地再利用模式必将涉及煤炭企业和地方政府对土地权益的博弈，亟须制度创新。

（2）煤炭企业承担过多的社会责任

我国多数煤炭企业建于计划经济时期，其发展模式带有浓厚的行政色彩。大部分煤炭企业在履行企业义务的同时，承担着社会职能。随着资源枯竭，煤炭企业无力承担过重的社会包袱，必将其转移给地方政府。然而，地方政府在财政约束下，往往被迫接受。若政府给予煤炭企业继续经营矿区土地的权利，则可由企业继续维持矿区职工的社会保障职能；若政府拒绝，想回收矿区土地，则势必自行承担矿区职工的社会保障职能，加大财政支出。对此，围绕土地产权流转问题，煤炭企业和地方政府存在社会包袱转移的利益冲突。

① 矿区职工安置

国内一些大型煤炭企业的发展已超过五十年，离退休人员占煤炭企业在职职工的比例逐年上升。随着生产效益的下滑，加之矿区职工对医疗保险、养老保险等社会保险资金的大量需求，煤炭企业存在不同程度的社会保障资金缺口。自从煤炭企业离退休职工社会保险纳入城市社会保障体系后，地方政府负担过重。随着时间的推移，矿区离退休职工人数将逐年增长，离退休人员的社会保障以及矿区在岗职工的再就业等社会问题将给矿区经济带来巨大压力。

② 三供一业等基础设施移交

当前，我国煤炭企业远未达到"产权清晰、权责明确、政企分开、管理科学"等现代企业制度要求，因煤炭企业承担"企业办社会"职能，而使得政企之间就基础设施处置问题纠纷不断。最普遍和最突出的问题是三供一业（供水、供电、供气及物业）等基础设施的运营和维护问题；除此之外，在绝大多数煤炭资源型城市中，学校和医院等公共基础设施都由煤炭企业和政府共同建设。受基础设施性能的影响，双方在措施采取上存在一定的矛盾。

矿区内部基础设施较弱，政府被迫接受。煤炭企业建矿之初建设的学校、医院等配套公共设施，在城市的发展过程中，将逐步被城市中具有相类似职能的设施所取代。依据中共中央办公厅和国务院办公厅联合下发的《关于进一步做好资源枯竭矿山关闭破产工作的通知》的相关规定，应将国有资源型企业原有的社会职能和公共设施等移交给地方政府。在面对基础条件较差的公共设施时，地方政府往往是被迫接受的，因为这些公共设施将会增加政府的社会职能压力。例如，东北某一煤炭资源型城市，矿业集团的学校因为最近几年投入较少、质量较差而使学生纷纷转向当地政府学校，出现校舍闲置的现象。

矿区基础设施效益较好，企业不愿免费移交。煤炭企业为满足矿区内部职工及区域内居民生活需求,建设了大量供水、供电等城市公共设施,考虑到城市供水、供电良好的经济效益,为避免自身利益的损失,而不愿将其移交。此时,当地政府为集约节约利用资源,愿意积极接受企业基础设施而不得。如西北的某煤矿城市,供水一直由资源型企业承担。为保障供水的可持续性,企业特地从国外贷款进口设备对老化设备进行改造,而当地政府建立的水厂因无用户处于闲置状态。此外,矿区的分散性,使得资源型城市公共设施呈现条块分割的现象,导致当地政府无法对其统筹规划、合理布局,造成资源浪费。

由此可见,在资源型城市中,政企之间社会纠纷问题相对复杂。从经济学角度看,煤炭企业在利益驱动下,不可能放弃长期基础设施投入创造的企业发展的良好环境和土地潜在利益。相关利益纠纷已成为制约矿区土地再利用项目能否顺利实施的关键。

③ 煤炭企业对矿区土地增值的贡献

矿区土地再利用的本质是依据土地经济原理实现土地的最高效益和最佳用途,是城市土地利用过程中客观、动态优化的结果。城市规划仅是实现经济需求的工具,是政府运用公权力将土地潜在价值表达出来。实质上,矿区土地潜在价值的形成源于煤炭企业的投入,矿区内在发展和城市用地结构的动态变化,是客观存在的、本源的。煤炭企业对矿区土地增值的贡献主要包括以下几个方面:

第一,地块投资型增值。地块的投资型增值主要指直接投资性增值,即对土地基础设施和公共设施投入,从而改善地块区位条件,提高地块价值。依据计划经济体制下矿区的发展模式,矿区范围内基础道路建设以及周边环境治理都由煤炭企业负责实施。同时,为满足煤炭资源开采、加工过程中矿区职工和矿区居民的生活需求,以及为实现企业可持续发展,煤炭企业在矿区土地长期连续追加投资,探索转型发展,使得地块的生产力得到提高。根据土地地价和土地增值形成原理可知,土地价格是土地取得价格、土地开发投资价格与级差地租第二形式资本化三部分之和,而土地开发投资价格与级差地租第二形式资本化这两部分就形成了土地的投资型增值部分。由此可知,煤炭企业对矿区土地开发成本的投入以及连续追加投资,创造了土地开发投资价格和级差地租第二形式资本化。

第二,地块用途型增值。煤炭企业矿区用地经历了由划拨用地到授权经营用地,再到出让用地的转变。起初,政府以工业用地性质将土地划拨给煤炭企业,随着矿区建设发展以及企业转型发展的需求,矿区用地已由单一的工业用地向多功能用地转变。从矿区用地现状分析看,目前矿区土地用途包含工业、商业、居住、教育、医疗、行政办公等多种功能用途。从土地利用和城市规划关系看,规划的实施离不开相应的开发建设模式。可见,矿区土地功能利用对城市规划具有反作用。那么,城市规划在矿区土地范围内必存在土地功能与用途的划分。晋煤集团某矿工业广场位于晋城市主城区西北片区,其土地用途主要表现为工业、商业、行政办公、居住等。在此基础上,晋城市城市规划将西北片区主要定位为市级商业服务中心,兼有行政办公、物流仓储职能,是一个现代与传统风貌相结合的城市综合居住片区。由于土地用途多样性的经济属性,煤炭企业可以根据自身发展的需求而转变土地用途。根据阿隆索竞标地租模型,各种活动在土地利用上是互相竞争的,而其所能支付的租金决定了各种经济活动的区位。在土地供给一定的条件下,矿区土地用地结构和空间结构逐渐演化,在用地选择替换上遵循的就是竞标地租理论。因此,煤炭企业在对矿区土地多用途利用上,为土地竞标价值提供了增值空间。

第三,带动周边用地增值。煤炭企业兴办之初,多位于城郊边界地区或城市偏远地区。煤炭企业发展产生的强大辐射带动力推动了城市经济高速发展。煤炭企业对矿区土地的不断投资改良了矿区土地的利用环境,在区域内土地价值增值的基础上,产生辐射性增值,拉动了相邻地块的升值。晋煤集团某矿在矿区工业广场用地上发展形成了"南店北厂"规划项目。"南店"指某矿自营的万德福超市,"北厂"指形成的金晟机电与金力电气两大产业。煤炭企业的多元化发展增加了矿区紧邻街道人员的流动,推动了沿街商业的发展。由此可见,煤炭企业对矿区土地建设发展,不仅提升了自己经营地块的土地价值,还带动了矿区相邻地块的土地升值,实现了对外经济发展的推动作用,创造了矿区周边土地的增值空间。在这一过程中,煤炭企业的投资实现了矿区与周边发展相辅相成的功效。

综上所述,煤炭企业是矿区土地增值的最大贡献者,矿区土地再利用过程中应充分保障煤炭企业的权益。然而,依据我国现行的土地开发产权流转制度,会存在煤炭企业和政府之间增值利益分配产生冲突的现象。

2.3.2.2 煤炭企业与开发商利益冲突成因分析

煤炭企业和开发商之间利益冲突来源为信息的接受和角色地位,具体表现为信息不对称、契约不完全、目标不一致、权益不均衡等四个方面。

(1)信息不对称

在资源枯竭型矿区土地再利用开发过程中,煤炭企业和开发商对项目信息的掌握程度不同。煤炭企业在资源枯竭型矿区土地利用现状中属于产权人,其对资源枯竭型矿区土地掌握的信息程度明显高于开发商。在土地开发建设过程中,煤炭企业和开发商形成合作关系或者由煤炭企业将土地转让给开发商进行建设开发,在此过程中,双方的信息存在不对称。开发商在从事矿区土地一级开发中无法获得关于项目的所有真实情况,而煤炭企业对开发商的能力资质也不能完全了解。在项目实施过程中,开发商作为直接实施者,对项目开发情况最为了解。此时,煤炭企业则无法完全掌握自己原本所熟悉地块的开发情况,只能通过其他间接方式获得开发情况。在土地移交阶段,涉及土地未来收益情况时,煤炭企业与开发商相比,信息掌握情况处于强势;在资源枯竭型矿区土地再利用运营过程中,煤炭企业与开发商相比,信息掌握情况处于弱势。由此可见,在资源枯竭型矿区土地再利用的不同阶段,煤炭企业和开发商均存在不同程度的信息不对称性。

（2）契约不完全

在市场经济下,煤炭企业和开发商之间的合同关系可以认为是平等的,但这种平等的合同关系模式并不能掩饰双方契约的不完全性所带来的问题。首先,煤炭企业在资源枯竭型矿区土地再利用过程中占据主动地位,是合同条款的拟定方。煤炭企业在拟定合同时会考虑运营过程中自身可能存在的风险,并会通过合同条款的限制来规避风险,由此容易造成在信息不对称情况下,煤炭企业无法科学地判断合同条款中关于风险与收益的分配是否合理。因此,为降低风险,煤炭企业可能会选择较为严苛的条款限制或者降低合同金额,导致市场中优秀的开发商不愿加入资源枯竭型矿区土地再利用开发项目,甚至出现"逆向选择"的现象。项目实施过程中,开发商是否有效地执行了合同中规定的条款,煤炭企业很难掌握最真实情况,甚至出现开发商"道德风险"。此外,开发过程中由于缺乏具有约束力的契约协商机制,且强制性的产权变更程序加剧了双方围绕土地自然增值收益分配所引发的矛盾和冲突,而难以达成产权交易价格的公平协商和谈判。

（3）目标不一致

通过对核心利益相关者利益需求的分析很容易得出,各利益相关者的利益需求存在很大的差异,有的需求甚至是相互矛盾的。在资源枯竭型矿区土地再利用过程中,可能会出现利益相关者为了实现自己的利益而不顾别的利益相关者,导致利益冲突。

（4）权益不均衡

在资源枯竭型矿区土地再利用过程中,各核心利益相关者的力量明显悬殊。一般来说,在以煤炭企业为主导的资源枯竭型矿区土地再利用模式下,煤炭企业在各利益群体中占据最重要的位置,力量最强。然而,受自身资金、物资、人才、创新能力等多方面资源的限制,在项目开发运营过程中,煤炭企业与开发商互相牵制。同时,地方政府在模式中虽只是起监督职能,但作为公众利益的代表,其关注的焦点在于资源枯竭型矿区土地再利用能否创造财税增长能力。若煤炭企业在资源枯竭型矿区土地再利用过程中,无法达到地方政府财税要求,地方政府有权对其进行干涉。此外，我国现行的法律对原土地使用者作为发起者实施的土地再利用模式保障制度不够完善。因此，在项目实施过程中，虽然煤炭企业占据主导地位，同样会与其他不同等级利益相关者发生利益冲突，在某些情况下可能出现妥协现象，甚至将会影响社会稳定。

2.3.3　利益协调

存在利益冲突就必然有相应的协调方式，利益冲突和利益协调是因果关系。利益协调是一种价值追求，表现为在承认个人合法利益的前提条件下，利益主体为了达到组织、文化、观念目标的协调对其利益行为方式和相互之间的关系进行自觉的、有意识的调整，加以一定的制度安排使各自的理性保持在合理的限度内。在一定时期内，虽然制度安排能够作为利益协调的保证，但是，制度制定与实施需要付出一定的成本加以保证。根据经济学的一般性要求，如果制度成本相对过高，那么制度能够协调的范围将小于利益主体的行为，因此制度安排是相对的，合理性也是相对的。随着外界环境的变化，制度也会变得不相适应，这就产生了制度创新的前提，利益相关者之间博弈达成的制度性规则对于利益冲突能起到协调作用。

2.3.3.1　利益冲突协调保障原则

资源枯竭型矿区土地是煤炭企业转型发展的载体，也是资源枯竭型城市产业调整的载体。为此，应结合资源枯竭型矿区土地再利用利益相关者的利益诉求和利益冲突成因，统筹兼顾资源枯竭型矿区土地资源、资本、社会、生态环境等条件，围绕资源枯竭型矿区土地集约利用和资源整合利用理念，构建"协调发展原则—差异化制度设计原则—效率与公平统一原则"的利益冲突协调保障体系。

（1）协调发展原则

协调发展原则是指在政府制定的城市发展战略规划下，煤炭企业、开发商对资源枯竭型矿区土地再利用制定的战略发展目标与城市对资源枯竭型矿区土地所制定的功能定位相协调，实现三者利益目标协同发展。资源枯竭型矿区土地再利用的本质是当资源枯竭型矿区所在城市资源、能源、空间、能力等方面出现不足时，为满足城市发展需求，积极开拓存量土地资源。资源枯竭型矿区土地再利用实践过程主要以城市发展战略规划目标为依据，利用资源枯竭型矿区本身存在的内在优势和外部环境激励作用，发挥资源禀赋、区位优势，实现确定的功能地位建设要求，如工业现代化目标、产业优化目标、深化或多元化发展目标等。倘若资源枯竭型矿区土地再利用目标与城市发展战略目标相冲突，将会导致矿区土地再利用开发实施后出现与城市功能运行混乱、资源恶性争夺、经济行为冲突以及资源内耗等现象。为此,协调发展旨在使煤炭企业和开发商对资源枯竭型矿区土地再利用的产业发展定位与城市产业结构定位相一致,实现煤炭企业、开发商与政府之间宏观利益协同发展。

(2) 差异化制度设计原则

制度是资源枯竭型矿区土地再利用利益冲突博弈规则,或更严格地说,是人类设计的制约人们相互行为的约束条件。博弈的绩效与规则的可实施性有关,而规则的可实施性不仅与自身设计相关,还受机制、组织形态、行为规范、认知模式的影响,因而政策制度导致的结果是不确定的。资源枯竭型矿区土地再利用的产权制度涉及经济、法律和社会多个方面,涉及不同主体利益诉求,问题复杂,不能"齐步走、一刀切",必须区别不同的情况分类推进解决。煤炭企业在城市发展中的特殊性,以及煤炭产业的行业特殊性使得资源枯竭型矿区土地再利用不同于一般土地开发。因此,若纯粹依照国家统一的土地管理办法,不仅不能有效提高资源枯竭型矿区土地再利用效益,还将阻碍资源枯竭型矿区土地再利用效率。为此,差异化制度设计旨在在国家宏观政策的指引下,结合资源型城市发展的特殊性,设计适合于矿区土地再利用的针对性文件,实现土地再利用效率的提升。

(3) 效率与公平统一原则

效率与公平统一原则是解决矿区土地再利用多方利益之间冲突的基础性原则。公平是指人与人之间权利与义务之间的平衡,而效率强调的是所得与应得之间的平衡。效率与公平两者之间具备相统一的基础、相统一的关系,这决定了解决利益分配应以效率与公平为基本原则。同时,效率与公平统一原则也是利益冲突协调解决行动策略的内在要求。矿区土地再利用效率与公平统一原则旨在在承认以煤炭企业为主导的矿区土地再利用模式中参与者自身能力的不同、对项目做出的贡献度不同前提下,按市场交换的原则进行利益分配。

2.3.3.2 制度创新协调保障措施

通过对煤炭企业与政府、开发商两两之间的冲突博弈进行分析,得知冲突协调的关键是实现各方利益均衡。这需要使各个利益相关者明确自己的职责,并通过建立完善的长效制度保障各方的合理收益,特别是煤炭企业以及矿区职工的利益,分享资源枯竭型矿区土地再利用产品成果。

(1) 建立产权明晰的资源枯竭型矿区土地再利制度

在资源枯竭型矿区土地再利用过程中,各利益相关者必须有清晰的角色定位,应明确自己的职责和权利。建立激励机制可使各利益相关者充分履行其职责和权利,是缓解利益相关者之间利益冲突的重要途径,尤其是可以明确政府和煤炭企业的职责。煤炭企业作为资源枯竭型矿区土地再利用的发起者以及主要参与者,应在城市战略规划协调下,做好前瞻性或基础性工作,需对资源枯竭型矿区土地实行"统一控制、统一规范、统一引导",并协调其他利益相关者的目标和行为冲突,但不能干涉开发商企业经营工作,如此才不会激化两者之间的冲突。地方政府在此过程中,主要履行监督职能,对资源枯竭型矿区土地再利用进行全局把控,看其发展是否符合城市发展总体目标和战略定位要求,但其不能直接参与资源枯竭型矿区土地再利用项目的开发经营和利润分配。同时,为保证资源枯竭型矿区土地再利用高效、快速推进,在细节问题上,地方政府应进一步完善资源枯竭型矿区土地再利用产业发展相关的法律法规与保障制度,强调利益相关者之间的信息沟通,从制度上保障资源枯竭型矿区居民等利益相关者的利益。

(2)制定资源枯竭型矿区土地再利用产权流转政策

政策作用力是对资源枯竭型矿区土地再利用的原始初动力。因资源型城市形成的特殊性,地方政府和煤炭企业存在复杂的关系,对公共利益责、权、利的产权归属和职能不清晰。例如,资源枯竭型矿区在原开发建设过程中承担"企业办社会"的任务责任重。煤炭企业作为城市财政收入的主要来源,被要求从事城市公共事业建设,负责政府划拨用地或授权经营用地价值提升,却无所有权而存在无法享有土地增值收益的风险。另外,在现今经济结构转型和城市更新的高速发展时期,我国深圳、上海和广州等多个城市在土地开发产权制度变迁上实行了自下而上的诱发式盘活,积极探索和创新了产权流转相关政策(见表2-14)。

表2-14 土地产权流转地方性创新政策

类型	政策来源	内容
土地功能改变创新性政策	《国务院办公厅关于加快发展服务业若干政策措施的实施意见》	以划拨方式取得土地的单位利用工业厂房、仓储房、传统商业街等存量房产、土地资源兴办信息服务、研发设计、创意产业等现代服务业,土地用途和使用权人可暂不变更
	《关于促进节约集约利用工业用地、加快发展现代服务业的若干意见》《上海市控制性详细规划技术准则》《北京市文化创意产业集聚区基础设施专项资金管理办法》	鼓励工业企业在"三个不变"(土地性质不变、产权关系不变、房屋结构不变)的原则下,兴办信息服务、研发设计、创意产业等现代服务业,建设创意产业集聚区,免交出让金

表 2-14(续)

类型	政策来源	内容
自行开发创新性政策	《广州市人民政府关于加快推进"三旧"改造工作的意见》	企业可申请自行开发改造(商品住宅除外),并按规定补缴土地出让金
	《上海市经济适用房建设土地供应管理实施办法(试行)》	企业拿出手中 50% 及以上土地配建保障房,方可利用剩余土地自行开发经营性房地产
	《关于在张江国家自主创新示范区试点进一步开展产业用地节约集约利用的若干意见》	利用存量工业用地建设研发类建筑(产业园区类),用地性质可调整为科研用地(产业园区类),并可参照工业用地按规划增加容积率,不再增收土地价款
	《南京市政府关于盘活存量土地资源促进土地开发利用的意见》	鼓励工业企业在符合城市规划且不改变工业用地性质的前提下,利用自有土地重建、改建、扩建厂房,涉及容积率提高的,除生产研发用地外,不需补缴土地出让金

因此,针对资源枯竭型矿区土地再利用过程,为有效解决煤炭企业和地方政府之间存在根本性的矛盾和诸多问题,地方政府应结合矿区土地再利用建设发展的实际情况,给予相应的适应性优惠产权流转政策,降低煤炭企业产权交易过程中的交易次数和交易费用,激发煤炭企业自发进行矿区土地整改,提高土地利用率,快速、高效盘活因资源枯竭而效益低下的矿区土地。徐矿集团是我国领先型煤炭企业,经多年资源开采,旗下多数矿区已面临资源枯竭,导致矿区土地闲置。为盘活土地经济效益,并保证企业土地产权不流失,在矿区土地开发利用上,徐矿集团和徐州市政府之间就土地增值利益分配问题,提出 5:5 分成的建议。目前,徐州市政府相关部门已出台地方性扶持政策,将此设想用于实践当中。

(3)制定资源枯竭型矿区土地再利用优惠政策

资源枯竭型矿区土地再利用类似园区发展建设,所不同之处在于资源枯竭型矿区本身已存在着大量的建筑。然而,从资源枯竭型矿区土地产业发展利用上看,其符合园区建设的一般特征。许多优惠政策是为发展园区而提供的扶持性政策,资源枯竭型矿区土地再利用同等需要。优惠政策主要通过降低或者减免土地原使用权人因土地功能改变而发生的土地交易费用,鼓励土地原使用权人积极发展新兴产业。优惠政策的主要服务群体为资源枯竭型矿区土地再利用的公众参与者,如开发商、运营企业等。

优惠政策在资源枯竭型矿区土地再利用效应的发挥具有空间和时间两个方

面特点，即只有在某一特定时期，配置在一定范围内才能有效，过了特定的时间将会失去政策效力。山西省是煤炭资源型城市集聚的重点省份，伴随煤炭资源的枯竭，为促进省内经济转型良好发展，国务院批复了《山西省国家资源型经济转型综合配套改革试验总体方案（2013—2015）》，将山西省设立为第一个全省域、全方位、系统性的国家级综合改革试验区，赋予其先行先试的试验权。在这一政策鼓励下，山西省内大型煤炭企业展开新型产业发展尝试之路，如晋煤集团某矿在主产业发展的同时，引进 LED 显示灯制造生产技术，培育新的经济增长点。

政策给予具备产业导向作用，即通过给予某些产业或优势企业特殊优惠，引导投资向某些产业倾斜和促进规模经济发展，其作用伴随土地开发呈现由强到弱的态势。煤炭企业是资源型城市政策特殊优惠给予的典型对象，为鼓励衰退型煤炭企业转型发展，盘活资源枯竭型矿区存量土地，应结合城市发展综合效益，编制城市产业规划，以便对资源枯竭型矿区土地开发建设给予导向作用。例如，晋煤集团某矿位于城市西北地区，在城市规划当中，该片区定位为晋城市历史文化承载地、实际商业服务中心，兼有行政办公、物流仓储的职能，是一个现代与传统风貌相结合的城市综合居住片区。对此，该矿在产业发展定位上，主要以商业服务型综合产品为主。同时，在资源枯竭型矿区土地再利用初期，产业导向性较强，因这一阶段是矿区土地再利用产业定位的关键时期，是产业优惠和区域优惠相结合的最佳时段。资源枯竭型矿区土地再利用经济效益处于发展阶段，产业优惠扶持相对减弱，政府开始收取土地经济价值。随着资源枯竭型矿区土地再利用集聚优势形成，政策效应的发挥将逐渐递减，资源枯竭型矿区土地发展由依靠扶持性政策转变为依靠内部创新，并逐渐向先进性城市政策转变，再造资源枯竭型矿区土地开发新优势。

2.3.3.3 利益分配协调保障措施

地方政府与煤炭企业之间、煤炭企业与开发商之间利益冲突成因的不同，导致其利益分配保障机制侧重不同，前者倾向于综合性利益分配法律制度，后者倾向于资源枯竭型矿区土地再利用创造的收益分配机制。为此，本书依据利益主体冲突成因的不同，以资源枯竭型矿区土地再利用资源优化配置为前提，构建利益分配保障机制。

（1）完善资源优化配置

为保障煤炭企业和开发商之间利益冲突解决方案的有效实施，完善矿区土地再利用资源优化配置是根本。依据资源枯竭型矿区土地利用现状以及再利用模式流程特征，资源枯竭型矿区土地再利用实质是通过对资源枯竭型矿区土地已利用存在的各种软、硬件资源条件,如资源枯竭型矿区工业设备与设施、办公建筑、绿化环境、煤炭企业多元化产业发展基础、科技成果等进行优化配置,以降低建筑成本、提高资源枯竭型矿区土地利润空间为目的。煤炭企业在实行资源枯竭型矿区土地再利用统一规划过程中,必将结合资源枯竭型矿区已利用土地经济、生态和社会发展现状,对土地利用功能分区,实现资源枯竭型矿区土地资源合理利用。开发商以项目开发经济利益为导向,以低成本、高效益行业发展为导向,统筹考虑煤炭企业对资源枯竭型矿区土地再利用规划设计方案,结合自身利益发展需求,提出规划方案变更需求。对此,煤炭企业统筹安排资源枯竭型矿区土地再利用规划工作和开发商招商工作,让其成为规划主题的一部分,双方就资源枯竭型矿区资源优化配置进行协商,制定双方互惠互利的规划方案,降低后期开发建设利益冲突。同时,加强地方政府监督作用,确保煤炭企业与开发商的资源优化配置规划方案符合城市发展总体战略定位,并通过建立相应的管理机构和组织对利益相关者的行为进行约束,平衡各方利益。在此基础上,为顺利实现资源枯竭型矿区土地再利用产业发展与城市产业结构调整相协调的目标,作为监督管理者的政府部门,应积极建立资源枯竭型矿区土地再利用产业发展仲裁协会,规范煤炭企业行为管理,并建立信息平台,为资源枯竭型矿区土地再利用利益相关者利益协调提供必要的信息沟通和反馈渠道。

(2)构建"政—企"利益分配法律保障体系

在煤炭企业和地方政府利益博弈的过程中,煤炭企业和地方政府两者之间阻碍资源枯竭型矿区土地再利用的因素,一是煤炭企业大量职工的社会压力转移,二是煤炭企业投资资源枯竭型矿区土地发展创造土地升值增值收益分配。当地方政府税收比例适当缩小或者地方政府规定改变土地用途需补缴的单位面积地价降低时,煤炭企业将选择配合制度创新,积极盘活矿区低效土地;反之,若地方政府一味追求增值独享,将降低煤炭企业的积极性,阻碍即将闲置的资源枯竭型矿区土地的盘活工作。由此可见,地方政府与煤炭企业之间利益分配的公平性和合理性是促进盘活工作高效开展的重要因素。目前,我国针对资源枯竭型矿区土地利益分配的规范几乎没有。区域政企协作的法律政策保障,从实施程度上来讲不可能像国家法律政策那样具备绝对的约束力,而是针对不同问题出台不同层次约束力的条约。为此,地方政府在实施资源枯竭型矿区土地再利用前,应建立科学、合理的土地利益分配方式,以保障提高煤炭企业盘活资源枯竭型矿区土地的积极性,使城市土地资源得以最优配置。同时,针对煤炭企业所需补缴地价的计算标准、出让收益分配比例等,都有统一、明确、公平的标准进行规范,才能确保资源枯竭型矿区土地再利用公平、有序、高效进行。

（3）构建"企—商"收益均衡分配机制

煤炭企业和开发商涉及的收益均衡分配在于市场份额比例分配。煤炭企业对资源枯竭型矿区土地多年的不断投资,使区域地块占据区位优势、基础设施优势、资源优势、环境优势等良好的开发条件,在为开发商提供土地、可利用建筑、文化等资源使用权的同时,其自身可能要承受开发商开发带来的负影响。此外,煤炭企业作为资源枯竭型矿区土地再利用投资者,因其投资方式的不同,将导致煤炭企业和开发商两者之间的收益分配影响因素的不同,使煤炭企业处于弱势。因此,必须采取措施保障煤炭企业可以获取合理的收益,应允许其以所拥有的生产资料、矿区资源和独特技能参股,并根据其股份比例参与资源枯竭型矿区土地再利用经营收益分配。同时,将矿区居民的补偿直接和城市居民现有生产和生活实际相结合,为其提供必要的帮扶。考虑资源枯竭型矿区职工再就业诉求,在矿区土地再利用的产业定位上,尽可能地利用居民可提供的商品或服务,为其创造收入来源。煤炭企业就矿区职工涉及经营活动问题与开发商协调,制定相应的收益分配调整机制使各方利益达到均衡化。

2.4 资源枯竭型矿区土地退出与再利用利益相关者需求

关闭矿井所在的资源枯竭型矿区土地退出与再利用的原始动力在于可以充分利用资源枯竭型矿区土地所处的区域环境、相关政策法规、企业文化、技术力量等条件,对资源枯竭型矿区土地存在的无形、有形及劳动力资源进行充分挖掘。从资源型城市转型发展宏观层面上说,土地退出是资源型城市更新的一种手段,它可以将低效利用的土地资源重新整合起来,增加建设用地的储备量。资源枯竭型矿区土地之上本身就存在一些老旧的基础设施。将这些设施改造利用,相比新建基础设施而言,可以以较小投入改善城市面貌;与此同时,还可以缓解城市外围无序扩张的压力,保证基本农田、湖泊水域、湿地农林等自然资源免遭城市无序扩张的迫害,是资源型城市转型发展的重要举措,也是可持续发展的要求。从资源枯竭型矿区土地退出与再利用带动区域振兴的微观层面说,资源枯竭型矿区土地的退出与再利用能够吸引更多的投资者,带动相关产业以及周围地块发展,显化土地资源价值,提高经济效益。另外,资源枯竭型矿区土地退出与再利用能够解决更多下岗职工的就业问题,促进人才集聚,社会效益突出;且资源枯竭型矿区土地退出与再利用过程伴随着对生态环境的修复,可为居民创造良好的生活环境,生态效益显著。总之,站在利益相关者需求系统的角度,资源枯竭型矿区土地退出与再利用是城市产业结构调整、矿区土地价值显化、城市功能结构优化和煤炭企业转型发展的必然要求。资源枯竭型矿区土地退出与再利用利益相关者需求系统,见图 2-12。

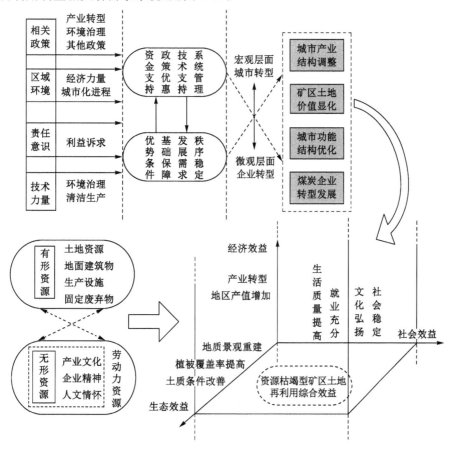

图 2-12 资源枯竭型矿区土地退出与再利用利益相关者需求系统

2.4.1 城市产业结构调整

资源型城市一般依托单一的资源存在,资源型产业占工业经济总量的比重相对较高。以资源型城市——六盘水市为例,六盘水市依煤建市、以煤为生,煤电占全市地区生产总值的 90% 以上。"十三五"期间,以煤电经济为核心的工业发展模式没有改变。当前主导的煤电产业、煤焦产业普遍面临着产能过剩的问题,新型煤化工产业整体优势不足,高新技术和精深加工企业较少,高精尖的煤化工产品种类严重不足,资源性产品附加值过低。由于过度依赖资源构建第二产业,而导致第三产业发展滞后,相关民营经济活力较差,发展的内生动力不足,成为制约六盘水市经济发展的重要因素。新医药、装备制造、电子信息等新兴产业尚在起步阶段,规模以上非煤工业占比仅为 2% 左右,支撑能力还很弱。酒、水等液态产业虽有一定的基础,但规模小、发展慢。新投产工业企业销售收入低,企业增长乏力、后劲不足。产业结构单一问题对六盘水市工业经济快速发展形成严重制约。

资源型城市普遍存在产业结构单一的问题,目前大多数资源型城市处于工业化成熟时期。由表 2-15 可以看出,工业化阶段发展遵循从轻工业、重工业到信息技术产业、高新产业的演变路径,产业结构遵循"第一产业主导→第二产业主导→第三产业主导"的发展方向。我国迈入工业化后期阶段,调整产业结构、发展接续产业成为资源型城市转型发展的迫切问题与重要突破口。

表 2-15 工业化不同阶段产业发展特征

工业化阶段	产业结构	特点
工业化前期和早期	第一产业为主导	相对落后的交通工具迫使工业制造业不能远离居住场、原料场地,只能在城市中心区狭小的空间范围内发展
工业化成熟时期	第二产业为主导,第三产业开始向城市中心集中	科学技术进步及交通工具改善,工业区位由城市中心区向城市中心区外围地区调整
工业化后期和后工业化阶段	第三产业为主导	城市中心城区原有的空间越来越饱和,市中心将成为第三产业主导区域,其结果是城市中心区内老工业区、工业用地开始调整与更新

2.4.2 矿区土地价值显化

按照地租理论的基本原理,区位是决定土地价值的重要因素,区位对土地价值的影响主要通过级差地租来体现。级差地租通常高于土地资源本身的价值,是地价的主要组成部分。同等面积的土地,距离城市中心区越近,地租和土地收益率越高,土地价值也就越高;反之,则越低。本书研究的矿区土地对于城市发展有一定的商业价值,土地价值较高,随着城市的快速发展,有限的土地资源的浪费越来越严重,土地利用结构矛盾致使产出效率相对较低,土地价值没有得到充分发挥,背离了土地的价值空间分布规律与导向。根据价值规律的基本要求,新兴产业,研发设计、信息服务、会展服务等第三产业收益率相对较高,经营收益能够补贴中心城市高额的租金,而资源枯竭型煤炭企业生产效率低,较低的收益和高价的地租对比迫使煤炭企业迁出中心城区。矿区工业用地面临着土地用途向商业、住宅、服务等经营性用途转换的需要,其退出与再利用既促进了资源型城市转型,又充分显化了土地价值。

2.4.3 城市功能结构优化

资源型城市历史遗留问题较多。在早期城市功能发展的过程中片面强调资源型城市的生产功能,而忽视它的消费功能,加之城市功能的不足,导致矿区土地利用问题严重。矿区以煤炭业务为主,在工业发展过程中以服务于煤炭生产为主,忽视了矿区的基础设施建设及土地资源的最优化配置。且煤炭加工的过程中,产生大量的污染物,对当地的环境造成严重的污染,影响了居民的生活水平。城市不仅是生产场所,更是居民生活的场所。因此,对资源枯竭型矿区土地盘活再利用是完善煤炭资源型城市功能、打造高质量宜居城市的必然要求。

2.4.4 煤炭企业转型发展

煤炭企业作为典型的资源依赖型企业,面临资源日益衰减甚至枯竭的现状,再加上资金和技术的限制,设备老化、生产效率低下、经营效益差的现象普遍存在,并且出现了生态环境破坏等诸多问题。城市交通的快速发展和现代化通信设施的普遍应用,降低了第二产业对于区位选择的敏感度,土地位置对于煤炭企业的效益影响逐渐降低。

因此,通过盘活土地,退二进三,腾笼换鸟,利用现有土地发展其他新兴产业将促进煤炭企业抓住转型政策机遇,实现资源枯竭型城市由原来的"产业结构单一、产业层次低"向"产业结构多元化"转变。

3　资源枯竭型矿区土地退出与
再利用制度变迁

新制度经济学表明,制度由个人或组织生产出来的过程就是新制度的供给过程,制度是一种公用产品。作为生产资料的土地资源具有普遍稀缺的特点,利益相关者是有限理性的,制度供给兼具土地资源与利益相关者的特点,即一定条件下也是稀缺的、有限的。当制度满足不了利益主体的需求时,制度的弊端就会渐渐显露出来,直接约束着利益相关者的活动。因此,对我国土地再利用制度变迁历程、矿区土地产权流转运行障碍做系统的梳理,明晰造成土地再利用效率低下的根源,是分析制度供求冲突的前提条件与基本要求。

3.1　资源枯竭型矿区土地退出与再利用制度变迁分析

我国工业用地供给制度是伴随着城市土地使用制度改革而不断得到深化的。从时间跨度上看,1978年以前,我国工业用地供给制度处于行政划拨阶段,在我国基本完成社会主义改造后,全面取消了土地市场,实行土地无偿划拨。国家通过行政手段配置土地资源,工业用地供给施行的是"三无"的土地供给制度,土地供给按照计划经济的规律和运行模式,实行审批制。由于在计划经济时代,产业发展尚处于初级阶段,对工业项目本身的要求不高,只要工业项目能通过项目主管部门的审批,用地一般都能得到保障,没有对用地规模、用地效益、用地类型等提出要求。1979年至2000年,我国工业用地供给制度处于以协议为主的出让阶段,自20世纪70年代末,我国对城市土地使用制度进行了改革。1987年4月,国务院提出了土地使用权可以有偿转让。1988年,《宪法修正案》以及《土地管理法》都做了相应修改,尽管这一阶段已经确立了我国城市土地有偿出让制度,但是在有偿出让的地块中协议出让方式所占比重过高。对于工业用地而言,此间一直采用协议出让的方式,最高法定出让年限为50年。2000年以后,土地出让进入招拍挂全面市场化阶段。2004年,《国务院关于深化改革严格土地管理的决定》要求加快工业用地进入市场化配置,工业用地供给全面市场化改革重新进入管理层视野。2006年,《国务院关于加强土地调控有关问题的通知》规定了工业用地必须采用招拍挂方式出让,且出让价格不得低于国家公布的最低价标准。2007 年 3 月,《物权法》对土地招拍挂范围进行了明确规定,同年 4 月国土资源部、监察部发出《关于落实工业用地招标拍卖挂牌出让制度有关问题的通知》,就落实工业用地招拍挂出让制度有关问题提出明确意见,要求工业用地所有遗留问题在 2007 年6 月 30 日前继续采取协议方式出让处理,自 7 月 1 日起一律施行招拍挂方式出让。可以发现,随着国家经济体制改革的不断深化,工业用地供给制度经历了行政划拨、协议出让和招拍挂三个阶段。工业用地供给的市场化改革,进一步显化了工业用地价值,通过引入市场机制提高了工业用地配置效率,形成了符合地区经济发展需要的工业产业布局。

本节内容先梳理我国工业用地供给制度,后聚焦工业用地再利用制度的变迁。

3.1.1 制度变迁的阶段

我国计划经济时期,国有土地完全依靠行政手段通过无偿划拨的方式进行分配。1986 年《土地管理法》的颁布标志着国有土地有偿使用制度的建立。

根据推动制度变迁的力量主体,制度变迁可分为由政府主导的"自上而下"的强制性制度变迁以及市场自发倡导、组织和实现的"自下而上"的诱致性制度变迁。基于此,我国工业用地再利用制度变迁可以分为三个阶段:土地有偿使用制度改革阶段、土地储备制度建立阶段、转型期制度优化阶段,见图 3-1。

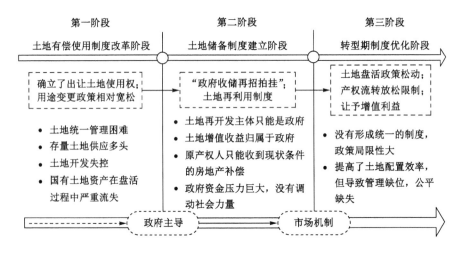

图 3-1 我国工业用地再利用制度变迁的三个阶段

3.1.1.1 土地有偿使用制度改革阶段

1987 深圳第一块土地出让开始了土地使用权制度由早期的无偿划拨向有偿出让转变,至此土地有偿使用制度开始建立起来。这一时期,我国存量土地再开发的核心目标主要体现为确立了出让土地使用权和基本显化了土地资源价值。

（1）确立出让土地使用权

通过补缴出让金、补办出让手续等手段将划拨用地目录以外的存量划拨用地转变为出让用地,这一行为赋予了出让土地使用权这一用益物权的基本权利属性,为实现土地市场化配置、建立土地市场流转制度奠定了基础。

（2）显化土地资源价值

在过去无偿使用制度条件下,土地利用结构极其不合理,价格调控机制缺乏,效率低下。伴随着新一轮城市更新,位居优势区位的大量工业用地、低强度开发的大量旧居住区等,面临着重新开发、显化级差地租的要求。新一轮城市工业废弃地大规模开发的浪潮就此在我国掀起。

在土地有偿使用制度下,土地重建主要以市场化运作为主,采用熟地出让和自行开发等土地供应方式。熟地出让由政府通过协议方式将没有完成拆迁补偿和开发整理的土地出让给开发商,开发商补缴少量的土地出让金,这种方式体现了政府主导的特点,一般出现在成片开发中,增值收益几乎全部由开发商获得。自行开发是指用地企业与其他开发商合作或者自行开发原使用土地,这种方式下"合作开发"建房现象泛滥,土地增值利益主要由原用地企业和开发商分享。

这一时期关于土地产权流转方式没有特别的规定,主要是对土地增值利益的分配做了调整,如划拨用地变更用途产生的收益需要全部上缴国家,出让土地改变用地性质需要重新办理变更登记、补缴出让金。土地盘活政策相对宽松,但也产生了一些弊端,如土地供应多头、开发控制难度大、难以获得增值收益等,急需制度的创新予以保证。

3.1.1.2 土地储备制度建立阶段

1997 年,杭州市政府首次规定城市土地出让必须先由政府收储再行出让,并将规划红线范围内的土地全部纳入政府收储,这次土地制度的变革引起了社会的强烈反响,标志着土地储备制度的初步建立。2007 年国家颁布了《招标拍卖挂牌出让国有建设用地使用权规定》,提出我国建设用地再开发必须先由政府收储后再招拍挂出让、土地增值收益大部分归政府所有、用地企业改变土地用途的必须经市级和县级人民政府批准。新的政策颁布对于控制土地多头供应的格局起到了良好的效果。土地储备政策一览表,见表 3-1。

表 3-1 土地储备政策一览表

时间	政策文件	主要内容
1999 年	《杭州市土地储备实施办法》和《青岛市人民政府关于建立土地储备制度的通知》	所有土地出让必须先由政府收储再行出让
2001 年	《国务院关于加强国有土地资产管理的通知》	明确要求"有条件的地方政府实行土地收购储备制度"
2004 年	《上海市土地储备办法》	率先于全国将土地储备制度进行了地方立法
2007 年	《土地储备管理办法》	第一次将土地储备制度上升到法律层面,为我国土地储备制度的规范化运作提供了制度保障
2007 年	《招标拍卖挂牌出让国有建设用地使用权规定》	我国存量土地再开发完全实现了政府收储、招拍挂出让,即"一个口子进,一个口子出"

这一时期,政府为土地再利用的主体力量,政府通过回购老工业用地,实施储备整理,然后再招拍挂出让,由土地使用者实施土地的重建行为,土地再利用方式有土地无偿收回和土地有偿收回两种,具体运作流程见图 3-2。企业早期的划拨用地一般由政府无偿收回,其他类型用地可以通过给予企业一定的拆迁补偿纳入城市储备。政府回购方式促使存量土地资源进入市场流转,有利于土地资源的优化配置,一定程度上解决了无偿使用制度下产生的历史遗留问题。但是,政府收储招拍挂模式,通常会产生招拍挂溢价增值,这部分增值由政府享有,由此产生了新的不公平。

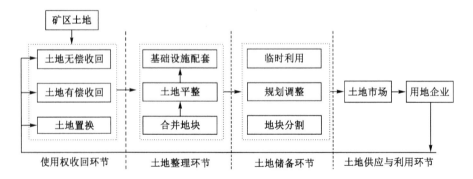

图 3-2 土地储备再利用运作模式

根据上述分析可知,土地储备制度对矿区土地再开发的核心阻碍是:

① 土地再开发主体只能是政府,由政府收储后再出让,市场机制受到限制。

② 土地增值收益归属于政府,原产权人只能收到现状条件的房地产补偿。

③ 土地出让只能净地出让,政府资金压力巨大,无法调动社会力量。

土地储备制度的建立标志着政府导向型再开发制度的建立,同时标志着土地再开发制度第二阶段的开始。

3.1.1.3 转型期制度优化阶段

21世纪初,新兴产业及信息化产业的发展,促使大量企业面临转型升级的需求,城市中心区域大量工业用地作为城镇建设用地的积极补充亟须盘活利用。但是,我国政策规定工业用地再利用必须先由政府收储再招拍挂,这种制度安排抑制了用地企业自发盘活土地的意愿,且交易成本较高。深圳市、广州市、上海市等经济发达地区率先颁布了一系列实施办法(见表3-2),国家也出台了系统的实施办法。这一时期,市场涌现了大批厂房自行改办公、商业、酒店、学校模式,开始了自发盘活土地。

表 3-2 地方政策创新实践

政策类别	时间	政策文件	特征
深圳市"城市更新"政策	2009 年	《深圳城市更新办法》	政府主导转向市场主导;产权流转路径多样化;收益分配体现让利;注重不同模式间的公平性
	2009 年	《深圳市人民政府关于深入推进城市更新工作的意见》	
	2012 年	《深圳市城市更新办法实施细则》	
广州市"三旧改造"政策	2009 年	《关于促进扩大内需支持现代产业发展用地若干意见》	盘活路径有所突破;利益分享创新;注重历史文化保护
	2009 年	《广州市推进节约集约用地试点示范工作实施方案》	
	2009 年	《广州市人民政府关于加快推进"三旧"改造工作的意见》	
	2010 年	《广州市闲置土地处置办法》	
	2011 年	《关于广州市"三旧"改造管理简政放权的意见》	

表 3-2(续)

政策类别	时间	政策文件	特征
上海市存量土地盘活政策	2006 年	《关于加快本市产业结构调整盘活存量土地资源的若干意见》	促进土地制度关键性突破;"三变三不变"(产业业态可变、使用者可变、房屋外形可变,土地性质不变、产权关系不变、房屋结构不变);配建保障房自行开发
	2008 年	《关于促进土地节约集约利用加快经济发展方式转变的若干意见》	
	2008 年	《关于促进节约集约利用工业用地加快发展现代服务业的若干意见》	
	2011 年	《关于推进上海规划产业区块外产业结构调整转型的指导意见》	

　　现代服务业的发展促使中央政府开始调整政策供给机制。2006 年,《北京市促进文化创意产业发展的若干政策》也明确提出了积极支持划拨用地使用单位利用厂房设施、生活街区等资源发展会展、信息服务业。2007 年,《国务院关于加快发展服务业若干政策措施的实施意见》规定"对于污染大、占地面积多、效益不佳等难以适应城市功能的工业企业迁出中心城市时,其退出的土地优先用于发展信息服务、研发设计、创意产业等现代服务业,土地使用权人和用途可以暂不变更"。通过对自行开发与土地收储开发模式的交易费用对比分析可以看出,自行开发相对效率较高(见图 3-3)。

　　这一时期,为了推进现代服务产业发展,执行着所谓"三变三不变"(产业业态可变、使用者可变、房屋外形可变,土地性质不变、产权关系不变、房屋结构不变)政策。土地盘活政策放松限制,产权流转方式相对松动,增值利益给以让予、由政府和原产权人分享。这在客观上提高了土地配置效率,但同时导致管理缺位,公平缺失。

3.1.2　制度变迁的动力机制

　　任何一种制度的改变都是利益相关者追求效益最大化思维模式下对社会规则做出反应并对其进行修订的过程。外部利润的提高是利益相关者对矿区土地再利用的直接动力,当外部利润积累到一定程度时,就会产生制度创新的需求。中央政府和地方政府是决定土地再利用制度变迁的主体力量,二者不断地博弈,间接地推动了制度的变迁。同时,土地要素相对价格的变动也会影响土地交易市场活动。制度变迁动力机制,见图 3-4。

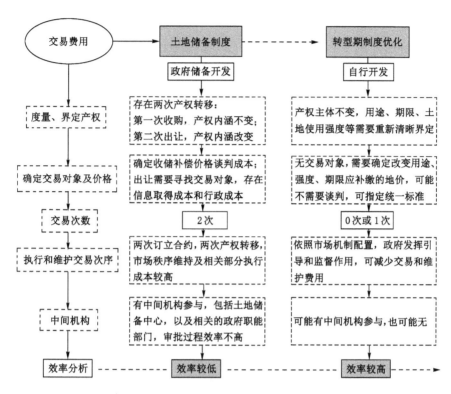

图 3-3 土地收储开发和自行开发交易费用比较

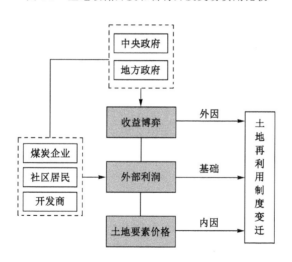

图 3-4 制度变迁动力机制

3.1.2.1 外部利润的出现

现行制度安排下存在利益相关者无法获得的外部利润。对于利益相关者而言，追求利益最大化是其本质需求，要想获得这种外部利润，就必须对现行的制度安排做出改变。制度的制定成本是影响利益相关者经济效益的主要因素之一，由于各个利益主体的效用函数、耦合程度以及力量对比关系不尽相同，他们对制度变迁施加不同影响，进而决定制度变迁的方向、路径和维度。当利益主体就外部收益的分配达成一致时，制度变迁就会产生。

3.1.2.2 中央和地方政府的博弈推动

土地具有区域性特点，中央政府、地方政府分别扮演着土地制度的制定者和实施者的身份，土地资产的经营活动管理往往需要地方政府来完成。二者关于土地再开发的难题在于增值收益分配难以达成一致意见，若中央政府获得的收益较高则会影响地方政府的积极性、主动性，若地方政府土地收益分配过高则无法满足中央政府的土地财政收入。近些年，虽然我国关于土地收益分配的政策规定林林总总，但是缺乏系统的规定，适合矿区土地的更少，未能在中央政府和地方政府之间做出明确的规定，关于土地增值收益在二者间的分配问题间接推动了制度的变迁。中央和地方有关土地增值收益分配的政策文件，见表3-3。

表 3-3　中央和地方有关土地增值收益分配的政策文件

时间	政策文件	主要内容	特点
1989 年	《国有土地使用权有偿出让收入管理暂行实施办法》	出让收入中扣除 2%～5% 土地出让业务费后上缴财政；上缴财政的部分，土地所在城市财政部门先留下 20% 作为土地开发建设费用，余下的收益部分中的 40% 上缴中央财政，而 60% 归地方政府	中央政府占比较大，地方政府对于集约使用土地的积极性不高
1995 年	《城市房地产管理法》	土地使用权出让金应当全部上缴财政，列入预算，用于城市基础设施建设和土地开发，土地使用权出让金上缴和使用的具体办法由国务院规定	中央政府发现地方政府以新增建设用地为主的土地供给策略后，马上改变了中央政府的分成比例
1997 年	《中共中央　国务院关于进一步加强土地管理切实保护耕地的通知》	城市建设用地的土地收益全部留给地方，专项用于城市基础设施建设和土地开发	存量土地的出让收益归地方政府所有，以此来调动地方政府利用存量土地的积极性，走内涵式发展道路。由于这一制度下地方政府的收益特别是农转建用地分成比例较低，地方政府采取招商引资低价出让土地的行为策略，损害了中央政府的利益

表 3-3(续)

时间	政策文件	主要内容	特点
1998 年	《土地管理法》	新增建设用地的土地有偿使用费,30%上缴中央财政,70%留给有关地方政府,都专项用于耕地开发	由于新增建设用地使用费标准较低,不足以约束地方政府实施以新增建设用地为主的土地供给方式
2006 年	《关于调整新增建设用地土地有偿使用费政策的通知》	新增建设用地土地有偿使用费征收标准提高后,仍实行中央和地方3∶7分成体制	将新增建设用地使用费标准在原有基础上提高 1 倍

3.1.2.3 土地要素价格的变动

中央政府和地方政府的收益博弈赋予了地方政府土地出让的自主权,是土地再利用制度变迁的外部力量,而制度变迁的内部动力则是土地价格要素的提高。[31]大多数学者认为,我国历史上多次产权制度变迁的主要原因来自产品要素相对价格和偏好的不断变化。而土地要素和产品相对价格的变化则是由于人口激增、城镇化进程加快和国家经济发展所导致的,这种变化使得土地的资产、财产属性更加突出,从而改变政府(包括中央和地方)、开发商以及原用地企业之间的博弈格局,产生政府主导下的强制性制度变迁过程。

3.1.3 制度变迁的路径依赖

新制度的形成受旧制度安排的影响,制度之间具有连续性、主观性,利益相关者的行为受旧制度的影响。制度制定者是有限理性的,加之受信息资源缺乏、人的主观意识等影响,初始的制度安排不一定是最佳的。制度变迁中的路径依赖理论认为,当初始制度安排不当时将会造成制度变迁锁定于无效率或低效率的状态,导致利益主体各方利益失衡。通过学习效应、协作效应和适应性预期的不断强化,以及初始制度选择非最佳等因素的影响,最终会形成制度变迁的路径依赖。[32]

制度变迁的路径依赖会产生两种影响,这两种影响的作用效果完全相反,即正向激励和反向激励。如果新的制度安排不能促进生产率的提高且无法促进经济显著增长,那么大规模生产活动的发展将会受到阻碍,在不完全的市场和无效的组织条件下,将会产生一些利益团体,他们通过强化现有的制度安排阻碍制度的进一步创新,即使现行制度安排效率更高,制度变迁也将会朝着无效率的方向发展,阻碍经济增长;如果新的制度安排能够提供正向激励,促进报酬和收入的普遍增长,那么大规模生产活动的单位成本将会下降,促进经济发展,能够获得民众的普遍支持,最终会使制度朝着更有效率的方向发展。制度变迁路径依赖的形成机制,见图 3-5。

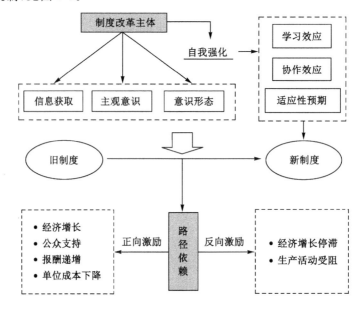

图 3-5 制度变迁路径依赖的形成机制

3.1.4 制度变迁的主要特征

政府兼具制度供给者与需求者的双重身份。由以上分析可知,土地再利用实际上只涉及政府、原土地使用权人(煤炭企业、社区居民等)和开发商三者之间的关系。中央政府集制度供给者和需求者于一身,居于制度供给的垄断性地位,会存在做出有利于自己需求的制度供给的倾斜,其他制度需求方以"冲击—反应"的方式间接影响制度供给。

初始制度存在惯性依赖,旧制度亟待突破。我国土地制度经过数十年的发展,在土地取得方式上由划拨、协议出让再到招拍挂出让,体现了无偿向有偿转变的运作方式。制度变迁存在路径依赖现象,新制度的形成对于旧制度具有一定的依赖性,这就造成了大部分城市工业用地再利用制度创新只是在小范围内进行。2009 年,深圳市出台的《深圳城市更新办法》带来了真正意义上的变革。这一制度设计创新,突破了惯性依赖,也对资源枯竭型矿区土地的再利用起到了积极的引导作用。

我国土地制度变迁由"无偿、无限期、不流动"逐渐向"有偿、有限期、能流动"转化。我国国有土地资源配置的方式遵循"无偿划拨—授权经营—有偿出让"的路径。早期土地划拨方式主要有无偿、无限期、无流动性的特点,随着发展社会主义市场经济的要求,国家配置土地资源逐渐由行政配置向市场配置过渡。土地使用制度改革的最终目标是实现土地使用权由"无偿、无限期、不流动"向"有偿、有限期、能流动"转变,以利于资源的优化配置。我国土地制度变迁方向,见图3-6。

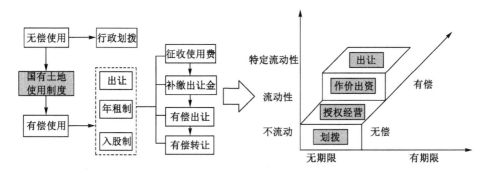

图3-6　我国土地制度变迁方向

各地相关土地政策林林总总,缺乏统一性和规范性。21世纪初,城镇化进程不断推进,城市建设用地供应紧张,存量土地的盘活需求更加迫切,一些地方城市出台了一系列政策,上海、深圳、广州等经济发达地区土地再开发的需求更加强烈,制定了"三旧改造"等实施办法。纵观这些政策,各地关于土地再利用的规定方式各异,没有形成统一,不利于市场的监督,缺乏规范性指导,急需国家出台统一的政策以避免各地自行其是,造成国有资产的流失。

3.2　产权流转困境

在我国土地利用制度变迁的过程中,工业用地配置模式沿着"行政划拨—协议出让—招拍挂制度"的轨迹演进,土地配置效率越来越高,尤其是大型煤炭企业,用地方式呈现多样性,不同的用地方式在再开发产权处置过程中面临一系列不同的问题。

3.2.1　不同权属矿区土地产权流转分析

以徐州某矿业集团为例,根据国家授权使用的方式不同,该矿业集团矿区土地产权可以分为以下四类。划拨用地:国家以划拨方式授权矿业集团使用的土地,占总面积的44.9%;授权经营土地:国家以授权经营的方式授权使用的土地,占总面积的47.2%;出让用地:国家以出让方式授权使用的土地,占总面积的 0.4%;未确权的土地:矿业集团正在使用,但还没有得到国家授权的土地,占总面积的 7.5%。

可以看出,目前我国煤炭企业实际占有土地资源较为丰富,但具有完整产权的出让类土地占比较少,大部分为拥有部分权能的划拨或授权经营土地,用地类型复杂。明晰矿区不同类型土地的权能及产权流转方式是土地再开发制度优化设计的重点和主要内容。

3.2.1.1 划拨用地产权流转方式

划拨土地是指土地使用者在无偿或缴纳补偿、安置等费用后获得的土地,属于国有土地使用权。根据划拨土地的无偿性特点,土地使用者对于该类型地块只有占有权、使用权、部分收益权和有限处分权。划拨土地权能,见图 3-7。

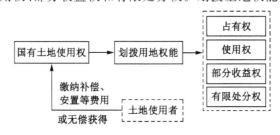

图 3-7 划拨土地权能

土地使用者补缴出让金后可将划拨用地转化为出让用地,也可通过缴纳租金转化为租赁用地,还可将划拨用地使用权作价入股后转为作价出资土地。另外,经过国家批准后还可以保留划拨方式或者转化为授权经营用地。划拨用地产权流转方式见图 3-8,授权经营土地权能见图 3-9。

(1) 转为出让土地

在国家法定的条件和程序下,划拨用地使用权可以转变为出让土地使用权。实际上经营性划拨用地使用权属于出让土地使用权,只是由于历史的原因未发生改变。划拨用地使用权可以和地上的建筑物一并转让、抵押或者通过补缴出让金转化为出让土地。这种流转方式可以减少存量划拨用地,促进土地市场及经济的发展。

(2) 转为租赁土地

划拨用地方式一般是国家对特定土地用途企业和产业的政策扶持,该取得方式成本较低且权能也有诸多限制。企业出租划拨用地需将其转变为出让或者租赁用地使用权,只有有偿化为国家租赁土地才能取得租赁土地使用权。

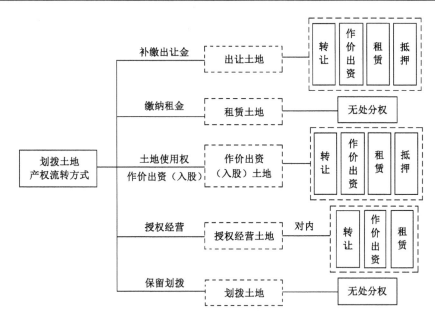

图 3-8 划拨用地产权流转方式

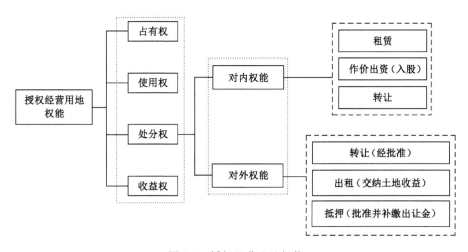

图 3-9 授权经营土地权能

（3）作价出资（入股）

国家可以将国有用地作价出资，并规定一定的期限后投入重组后的企业。重组企业持有土地使用权。

（4）转为授权经营土地

授权经营方式实质上是一种土地资产管理方式。采用授权经营、作价出资方式处置土地资产时，用地企业向政府缴纳的土地出让金需要计作国家资本金。

（5）保留划拨方式

一般能源、交通、水利为国家重点扶持项目，该类地块用途不发生改变的，根据政策的相关规定，国有企业涉及的土地使用权，经批准可以保留划拨方式。

3.2.1.2 授权经营用地产权流转方式

授权经营用地是指国家将土地授权给经批准的大型国有企业集团使用的土地，对于企业集团以外的单位和个人使用授权经营用地，经过批准补缴出让金后才能对外转让且权能受到诸多限制。在企业集团内部，被授权经营的企业具有对土地租赁、作价出资（入股）和转让的权能，代表国家经营管理土地；对外转让时应经土地行政主管部门批准，出租后应将收益全部上缴，抵押应补缴出让金并经过批准。

国家可以运用授权经营制度处置原划拨用地使用权，其市场化处置必须在法律框架的规定内进行。与出让、作价出资和保留划拨方式相比，授权经营土地使用权存在权能不明确、不被法律保护和确认、不能被确认为用益物权、权能受到诸多限制等问题。扩大其权能需要取消授权经营，将其转化为划拨用地才能处置为作价出资或出让用地。授权经营土地产权流转方式，见图 3-10。

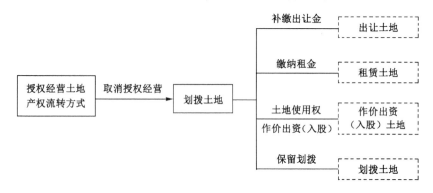

图 3-10 授权经营土地产权流转方式

3.2.1.3 出让用地产权流转方式

企业对于出让用地具有占有、使用、收益以及一定的处分权利，能够自主经营，依法进行转让、出租、抵押或终止。与划拨用地、授权经营用地的权能及产权流转方式相比，出让用地产权相对完整、权能较为齐全。出让用地是企业的法定财产,企业可以通过出让土地的经营生产活动获得全部收益,除非公共利益需要或者企业自己放弃,否则土地价值持续存在。无论对于用地企业还是国家,土地出让制度都是一种较为理想的土地资产状态。出让用地权能,见图3-11。

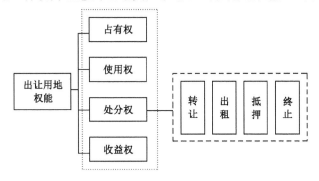

图 3-11   出让用地权能

3.2.2   不同权属矿区土地优劣势分析

通过对不同权属用地的权能和产权流转方式的分析可知,土地使用者拥有的土地类型不同,其能够处置土地的权利不同,拥有的土地资源价值就不同。对于资源枯竭型煤炭企业来说,这就造成了企业在处置利用土地的过程中,土地资产发挥着不同的优劣势。各类型用地方式优劣势分析,见表3-4。

表 3-4   三种用地方式优劣势比较

用地权属	优势	劣势
划拨用地	使用权的取得为无偿或低偿; 无使用期限的限制	土地使用权价值得不到直接体现; 影响土地的集约利用; 使用权被国家征收时,国家不予补偿
授权经营用地	无须支付土地出让金; 拥有一定的处分权能	法律依据不足; 使用权流转不便; 不符合市场发展规律
出让用地	权能完善,拥有完整的土地产权; 产权明晰,可计入企业资产	出让金增加企业经济负担; 土地成本回收较难实现

3.2.2.1   划拨用地优劣势分析

土地划拨方式与当时的市场经济体制是相符的,无偿、无限期流动的特点在计划经济时期赋予土地使用者多种权能,具有多种优势。如土地使用权的取得为无偿或者低偿,企业获取成本低,可以节省资金支出用于生产经营,且划拨土地使用权没有使用期限的限制。但土地划拨供应制度在逐渐市场化的机制下产生了很多缺陷,如土地使用权价值得不到直接体现,部分用地单位的集约用地意识不强,认为划拨土地不值钱,可以任意使用。花园式工厂、宽马路、大广场便是此类思想引导下的产物,这些用地单位往往具有特殊的社会经济地位,在用地规模上受到的限制较小。划拨用地游离于土地市场之外,政府职能部门无法通过经济手段引导其集约利用土地。且划拨土地使用权被国家征收时,国家不予补偿。

3.2.2.2 授权经营用地优劣势分析

授权经营企业具有占有、使用土地和获得收益的权利,同时也拥有相对的处分权,采用授权经营方式取得土地使用权的企业无须支付土地出让金。但是因法律依据不足,授权经营用地在流转的过程中需要先取消授权经营转化为划拨用地,故使用权流转不便,且对应的权能和可处置方式都受到较大限制,在二级市场流转的局限性较大。授权经营企业无须支付出让金,这对土地使用权有偿使用方式造成了一定的冲击,且与土地有偿使用制度的改革方向相违背,不符合市场发展的规律。

3.2.2.3 出让用地优劣势分析

相对于其他用地方式,出让用地权能相对完善,对内可以占有、使用、收益、处分,对外可以转让、出租与抵押。商业运作模式对于企业核心竞争力的培育具有重要作用,另外企业能够运用其拥有的无形资产投资产生新的创新效益,出让用地企业可以将无形资产计入企业资产。如冀中能源集团通过证券市场将其无形资产放大,提高了企业经营绩效和市场价值。但是,出让土地相对其他方式如租赁、授权经营而言,获取土地使用权需要缴纳一大笔土地出让金,这给企业带来一定的经济负担。通过土地使用权出让缴纳出让金,企业获取土地成本相对较高,不利于企业的资产沉淀。

3.2.3 现有制度环境下不同权属用地流转障碍

根据以上分析可知,国有土地处置的方式主要有划拨、授权经营、出让以及作价出资等四种方式,其中每种方式各有利弊(见表3-5和表3-6)。

在对土地使用权进行转让、出租和抵押时,划拨用地和租赁用地受限较严格,难以实现自由流动。根据土地资源的特点,只有转变为土地资产时,才能进行资产运营和资本运作,显化土地资源价值。具体来说,划拨、授权经营、出让类土地再利用在具体的产权流转制度运行中,具有不同的核心阻碍。

表 3-5 不同权属土地产权流转综合评价

权属类别	优点	缺点	综合评价
出让	拥有土地的占有、使用、收益及处置多项权能,具有完整的土地产权,可进行投资、出租、抵押,属企业法定财产,获得土地经营全部收益	需通过招拍挂方式获得,并支付大量土地出让金	是土地使用制度改革的发展趋势,是一种市场经济下较为理想的土地资产管理模式
作价出资(入股)	无须支付土地使用金,即可在使用年限内依法转让、作价出资、租赁或经营	企业须对土地资产保值、增值负责,受国家监督和运营监管,土地资产处置须经国家同意,须向国家上缴部分土地收益	该类土地资产是受限制的企业资产,企业只拥有部分权能,是国家土地制度改革过程中的一种过渡举措
授权经营	以相对较少的土地使用费,获得相应短期土地使用权利,租赁合同及房屋可以依法抵押,并获得部分土地收益	属于企业短期性土地资产,其合同转让须经所有者同意,不属于企业法定财产,企业只拥有土地使用和收益两种权能	是在企业无力支付大量土地出让金的条件下,一种解决企业短期生产需要的下策
划拨	无须支付土地使用费	只享有土地的使用权能,不能作为企业资产,仅适用于个别企业和少数企业	是计划经济时代的产物,与市场经济制度不相符

表 3-6 不同权属土地相关情况对比分析

性质	支付情况	使用年限	处分权能	处分管理部门
划拨用地	无偿或低偿	无限期	无	—
租赁用地	缴纳土地租金	固定年限	无	
授权经营用地	无偿或低偿	固定年限	对企业集团内部转让、作价入股和租赁	国资委
作价出资(入股)用地	无偿	固定年限	转让、作价入股、租赁和抵押	国资委和地方土地管理部门共同管理
出让用地	缴纳土地出让金	固定年限	转让、作价入股、租赁和抵押	依法范围内自由处分

3.2.3.1 划拨用地

划拨土地无偿、无期限性、无流动性的特点约束了稀缺性土地资源在市场的流转，在再利用的过程中，划拨用地需要先由政府有偿或无偿收回土地使用权，然后通过招拍挂方式出让给其他用地企业。在既得利益的驱使下，除非有丰厚的土地补偿金，否则划拨用地企业是不会轻易放弃土地使用权的，政府收储工作难以推进，其再开发也就很难进行。

3.2.3.2 授权经营用地

授权经营用地产权流转需要先取消授权经营转化为划拨用地然后才能进入市场，产权限制突出。授权经营土地处置只能在集团内部进行，不能够在集团外部进行租赁、作价出资、转让等。另外，注销授权经营土地使用权时，土地使用权评估作价的国家资本金同时注销，降低了企业的总资产。

3.2.3.3 出让用地

通过出让方式配置土地资源是土地资源资产化最彻底的方式，但是采取出让方式处置土地，煤炭企业需要一次性支付一笔巨额的土地出让补偿金，对于已经举步维艰的煤炭企业来说将产生巨大的经济负担，最终无力支付，导致矿业用地继续闲置，造成土地资源的浪费。

3.2.4 矿区土地再开发产权流转的关键问题

基于以上不同权属用地产权处置方式的对比分析可知，矿区土地再开发的重点应集中理清政府、煤炭企业之间的产权关系，指导煤炭企业退出并鼓励新的市场主体积极参与进来。

3.2.4.1 原产权主体的退出

矿区土地是早期快速城市化与工业化发展历史累积的产物，划拨、授权经营、出让多种权能用地方式并存，产权关系极为复杂。

模糊产权的处置路径是顺利退出的关键。在城市增量扩张阶段，市场经济快速发展，政府放任煤炭企业低效利用土地通过不合理的手段进入初级市场流转，企业缴纳的土地使用费成为政府新的财政收入来源。但这些非法用地不能直接进入二级市场流转，需要向政府补缴土地出让金转让为合法用地。关于这部分土地的产权归属问题以及后期的再开发增值收益分配制约了原产权主体的退出。

收益分配的平衡是顺利退出的核心。根据多个关闭矿井土地再开发的案例可以看出，产权关系复杂、用地权属不清，致使再开发产生的增值收益分配很难在参与各方之间达成一致，容易产生冲突，阻碍再开发活动的进行，须通过收益分配制度的创新来协调各方的矛盾和冲突。地方政府与原用地主体(煤炭企业)之间关于矿区土地使用权权属关系的不畅,导致矿区土地再利用权益分配准绳缺失。

3.2.4.2 新市场主体的进入

矿区土地一般会受到不同程度的污染,环境的治理和后期的再利用活动需要大量的资金支持,地方政府必须发挥宏观调控作用,在土地获取、税收方面给予优惠,以调动社会力量,吸引民间资本投资。

利润是市场主体进入的直接动力。利润额是市场主体参与矿区土地再利用活动的动力来源,每个利益主体都是为了追求改造后的收益。土地的区位以及再利用后的用地类型、投资强度等决定收益的多少。随着现代服务业的发展,信息服务、研发设计等行业具有较高的利润,如果矿区改造为这类产业,市场主体能够获得可观的利润空间。如果改造为城市基础设施类准经营或非经营性项目,则利润空间相对较小,市场主体再开发的收益相对较少,再开发的积极性较低。由于基础设施类产业是城市发展的基础,政府可以在土地获取或者税费上给予市场主体一定的优惠,这样有利于调动市场主体盘活存量土地资产的积极性。及时、有效的制度供给可以激励市场主体积极参与到矿区土地的再利用中,政府部门应保证制度安排的合理性。

政府的制度规制影响市场主体的行为方式。对于矿区土地再利用,由于存在污染治理问题,政府可以采取政策优惠措施鼓励市场主体参与,诸如减免部分税费、土地获取优惠等。矿区土地再利用会产生招拍挂溢价以及规划优化带来的增值收益,关于这一部分额外收益如何在政府、煤炭企业和新的市场主体之间分配成为政府需要规制的问题。不同的再利用模式会产生差异较大的收益回报,政府需要从整体上统筹土地市场发展。一方面,政府可以通过城市规划引导再利用主体的行为;另一方面,政府可以通过设定再利用建设指标约束矿区土地再利用容积率、面积等,这两个因素决定了新的市场主体参与再利用活动内容的前提条件。

3.3 制度约束本质

纵观我国城市老工业用地再利用制度变迁历程,其核心恰恰是土地产权结构体系的变革。根据诺斯的制度变迁理论,国家决定产权结构,市场无效率的根本原因是产权流转无效率。对于存量土地再利用,存在制度供给不足、政策缺失等问题。存量建设用地与增量建设用地的差异,见表3-7。

表 3-7　存量建设用地与增量建设用地的差异

权能	存量建设用地	新增建设用地
占有	分散在各土地使用权人手中	由政府独家垄断
开发	权力关系较为复杂	开发建设前权力关系相对简单
处分	使用权掌握在土地使用者手上,政府不能随意处置	处分权在政府,可以采取划拨、协议、招拍挂出让等方式
收益	土地收益要兼顾各方	出让收益由政府支配

3.3.1　制度约束的缘由

3.3.1.1　对初始制度存在路径依赖现象

制度变迁的路径依赖现象解释了旧制度对新制度的形成具有影响,制度变迁需要制度创新予以保证。我国土地制度经过多年的发展完善,土地供应方式由无偿向有偿转变,开发模式由政府主导向市场主导转变,土地资源的配置手段逐渐趋于优化。在实践中,土地再开发不断推进、土地资源价值逐步显化。但是,我国对制度问题的根源型缺陷认识不足,对问题的剖析不够彻底,制约着制度的进一步优化。

3.3.1.2　制度变迁路径存在低成本陷阱

制度的改变是存在一定风险的,同时也要付出高昂的交易成本。在制度变迁的过程中,利益主体因追求效益最大化,总是容易选择交易成本较低的路径。目前我国对资源枯竭型矿区土地再利用制度运行遵循的是城市新供建设用地的流转与交易方式,但是存量土地与城市新供应的建设用地存在本质上的差异,不能采取完全相同的管理方式。政府照搬或者在其基础上进行修补运用于存量土地再开发中,虽然可以暂时性地降低交易成本、降低风险发生的概率,但是只能解决眼前的问题,并不利于长远的发展,不利于土地资源的集约节约利用。

3.3.1.3　政府对制度的低效率认识不足

经济生产活动中有一部分费用并不能体现在生产成本之中,这部分费用被称为交易成本。[33]交易成本是制度变迁成本中的重要组成部分,与制度的运行效率呈反相关关系。在收益不变的条件下,交易成本越高,制度运行效率就越低。目前,我国矿区土地再利用制度表现为土地收储招拍挂出让方式。土地在不同的产权主体之间流转,主要涉及政府、煤炭企业和开发商。在收储的过程中,政府和煤炭企业对于土地的补偿标准需要不停地谈判磋商,这个过程产生了较高的谈判磋商成本。在土地出让的过程中,开发商会产生一些信息成本,又会有一些时间成本损失。如果整个过程中交易次数频繁,相对的交易费用就较高,制度运行效率也会低下。

3.3.1.4　制度的供给存在严重的滞后性

新制度经济学认为某一制度体系下制度供给的及时性与完善性是衡量某一制度的重要指标。我国土地制度以政府主导的自上而下的供给机制为主,政府扮演土地制度供给者的角色,而使用者则是企业和其他组织等。实际上,制度变迁来自自下而上的反馈,市场上的土地经营者和使用者才是促使制度变迁的真正主体力量,但其不参与政策的制定,政府对于土地供给的积极性也存在不足,这就使得制度的供给存在滞后性、被动性,无法满足现实要求。

3.3.1.5　制度变迁的产权设计及激励缺失

当制度供给与需求不平衡时,外部激励能够激发供给方与需求方进行制度创新,从而产生制度变迁。产权制度是土地再开发制度体系的重要组成部分,在制度变迁过程中必须对产权制度进行优化设计。出让土地所具有的占有、使用、收益及处分等权能,赋予了出让土地物权的特性,使其可以自由地在土地市场进行流转。但是煤炭企业大部分用地为划拨用地和授权经营用地,二者的产权流转限制比较严格,不能自由地进入二级市场进行流转,阻碍了土地资源的优化配置。另外,政策规定改变土地性质为经营性用地的必须由政府收储、进入市场公开出让,阻碍了产权的自由流转,土地最佳使用的激励机制缺失。政府应在产权制度设计及激励措施方面予以创新。

3.3.2　制度约束的表现

3.3.2.1　土地产权流转关系错综复杂

矿区土地产权权属关系不清是阻碍再利用的根源型问题。根据上述分析,我国矿业用地拥有完整权能的土地非常少,大部分只有所有权和使用权,权能上存在着先天不足的问题。另外,政策规定土地所有权不能进入市场流通,市场化程度几乎为零,土地的市场化运作只能体现在使用权上,而使用权附加在所有权之上是有时间规定的。正是这种产权界定的模糊与滞后,导致利益纠葛复杂,直接影响矿区土地再利用的效率。

土地的使用者在所有、经营以及使用等多个环节上是不同的。不同环节上的利益主体不同,导致土地产权的集中化、单一化。由于我国矿区土地绝大多数通过计划经济时代的划拨获取,产权为国家所有,但地方政府占据了土地利用的优势地位,而导致矿区土地产权仅在政府和开发商之间流转,削弱了煤炭企业参与的积极性与能动性。

我国长期以来的体制机制安排导致政府部门为了管理的需要或者自身效益的提高,各司其职、权利行使处于一种部门分割的状态,效率极其低下。虽然早期成立了国有资产管理局,但中央政府和地方政府、地方政府部门之间权利的界限划分不清、责权利模糊,一些政府部门往往会对自己区域范围内的土地进行直接或间接的干预,出现利益纠纷,影响土地再开发的效益。

外资企业在选择投资地点的时候总是会不断地比较、衡量,分析其安全性和盈利性,看是否有投资的必要。如果投资风险过高、成本较大,就会增加吸引外商的难度,不利于招商引资、发展外向型经济,对于地区经济的发展造成阻碍。

3.3.2.2 土地发展权配置与流转缺位

土地发展权与土地占有、使用、收益、处分等权利内容构成土地产权体系的一部分,然而,我国土地管理制度没有对土地发展权的内容、配置、转移以及与国有土地所有权的关系等做出统一、明确的规定,关于土地发展权流转的一系列问题都处于缺位状态,致使土地在流转的过程中缺乏统一的政策指导,造成土地无序利用现象严重。

我国对国有土地产权流转的研究相对较多,不同的学者对于二者的关系有不同的理解,有学者认为拥有国有土地使用权的土地使用者可以在出让土地时按规定对土地利用现状进行改变,也有学者对此持反对观点。总之,关于国有土地所有权和发展权关系的研究两极分化比较严重。

现有制度安排关于土地发展权的一些重大理论问题未能做出明确的规定。诸如土地使用权与土地发展权的取得与灭失关系、土地发展权的变更、权利配置公平性要求、受到损害时如何补偿等,关于这些问题的规定比较模糊、内涵不够清晰,缺乏土地创新指导,影响土地潜能的挖掘和效益的充分发挥。

3.3.2.3 土地储备政策弊端

土地储备制度运作程序是由政府以无偿或有偿的方式收回土地使用权,然后再进入市场公开招拍挂,该程序主要由政府主导。土地收储招拍挂出让能够推进政府主导向市场主导的转变,但是这种情形下,充当卖方角色的只有政府,资源和信息的不对称赋予了政府对于土地规模、利用结构、时间等条件因素的优势,形成了政府垄断模式,影响市场需求者对于土地价格的预期。

当前老工业基地再利用主体主要有政府和开发商。首先由政府收回土地使用权,进入储备开发程序,再出让给开发商,开发商缴纳土地出让金获得土地使用权。这样就将煤炭企业排除在外,削弱了其分享土地增值收益的权利,容易造成冲突,不利于矿区土地再利用的顺利进行。

3.3.2.4 土地收益强势分配制度特性

制度安排的过程伴随着四种交易行为:提高经济生产效率、有目的地改变增值收益分配、经济生产方式重新配置、经济机会重新分配。在上述经济增长机制下,不同的利益主体面临的经济地位和经济优势是不同的,是由这种制度下的收益分配效应和制度绩效决定的。由于产权边界的模糊,地方政府在矿业用地再开发中拥有优势地位,加之对土地财政收入的需求,会最大限度地分割土地增值收益。收益分配的失衡导致煤炭企业对政府的不满情绪激增,二者冲突将会加剧。另外,在土地收益分配的过程中,政府往往会与有实力的开发商组成战略联盟,进一步削弱煤炭企业的权利,致使煤炭企业在利益博弈的过程中始终处于弱势地位。在这种博弈格局中,地方政府以追求利益最大化为目标,按照"成本最小、收益最大"的市场化逻辑,在收益分配中处于一种强势地位。

3.4 退出与再利用供求冲突

通过以上分析可知,土地再开发制度约束已成为导致矿区土地再开发效率的主要问题,且多个项目的科研实践也可以发现,矿区土地不同的再开发模式受到现有土地制度的限制,土地制度的供给已经不能满足实际需求,土地制度处于非均衡状态,供求冲突明显。

3.4.1 表层冲突

资源枯竭型矿区土地再利用各利益相关者之间存在复杂的关系源于资源枯竭型矿区土地再利用所带来的各种潜在利益。各利益相关者纠纷或冲突产生的根源在于现有制度约束机制下很难平衡各方基于做出的贡献与应当承担的责任而分享的土地再利用收益比例。[34]因而,矿区土地再利用利益相关者之间的关系是各种利益和责任的矛盾综合体,呈现出不同的冲突形式。

3.4.1.1 中央政府与地方政府利益冲突

在矿区土地再利用过程中,中央政府起到积极倡导、督促地区积极响应的作用,同时也要考核地方政府对于再开发工作完成的水平。中央政府代表广大群众和自身的利益,希望通过矿区土地的再利用实现社会效益、环境效益和经济效益的同步提高。但是,我国相关法律规定土地产权归国家所有,国家和地方政府是委托代理的关系,在制度的执行过程中,中央政府通过地方政府行使权力,势必会产生冲突。

（1）土地再开发制度目标冲突

制度是一定时期内对利益相关者行为进行约束的规则、标准和指南。中央政府和地方政府的制度目标是不同的，中央政府制定制度的目标是保障用地企业、社会居民以及下岗职工应当享有的权利，降低失业率，提高整体生活水平，而地方政府是希望实现区域经济的发展、工作业绩的提高以及自身利益的最大化。因此，地方政府在执行中央政府的制度时容易产生冲突。

（2）委托—代理双方目标偏差

中央政府和地方政府是典型的委托代理关系，地方政府取得的收益取决于中央政府支付的报酬，地方政府付出的成本决定了中央政府的收益。作为"理性经济人"，中央政府（委托人）和地方政府（代理人）的行为目标都是追求更多的利润。双方对于土地收益的获取类似于"蛋糕模型"，都会尽力争取对自己较为有利的方式。在二者不同的利益目标追求下，地方政府很大程度上会利用上级政府赋予自己的权力谋求超额利润。

（3）信息获取不对称冲突

由于权力的不对等、责权利关系划分不够明确，中央政府和地方政府之间存在信息条件上的差异。相对于中央政府，地方政府拥有私人信息优势，这就造成了在一定的范围内地方政府可以"越权""越位"，甚至会出现背离中央政府的基本要求按照自己的行为方式采取个体行动追求利益的额外增加，忽略了中央政府的需求，导致中央政府时常处于被动的地位，也就是俗语中的"上有政策，下有对策"。这种情形下，两者关系出现一定程度的非合作性，导致中央政府与地方政府发生冲突。

3.4.1.2 地方政府与煤炭企业利益冲突

在地方政府与煤炭企业双方合作的前提下，矿区土地再利用能够给对方带来一定的利益，但由于利益获取大小和主体地位不同，因此双方获取方式也有所不同，导致利益受损，产生利益纠纷。

（1）经济补偿冲突

对于煤炭企业来说，早期土地划拨无偿供应，企业获得土地使用权的成本较低。土地有偿使用制度改革后，尤其是位于城市中心的老工业用地，占据了"黄金地段"，土地价值逐渐显化出来。由于资源枯竭或政策性关闭，这些煤炭企业生产能力有限，大多处于停产或半停产，甚至是破产的状态，造成大量职工下岗，煤炭企业承担着沉重的社会养老负担。如果发展替代产业，改变土地使用性质需要补缴大量土地出让金，这就给本来就举步维艰的煤炭企业造成极大的压力。

一般工业用地再开发模式,往往是由地方政府收回闲置土地再出让给开发商,但是地方政府对自身效用的追求很容易和开发商形成利益联盟,二者的强势地位使煤炭企业失去了参与矿区土地再开发决策的话语权,只能被动接受矿区土地用途转换、规划调整优化带来的增值收益。若煤炭企业放弃土地使用权,关于这部分增值收益往往很难达成一致意见,且存量土地是企业转型发展、摆脱经营困境可以依赖的资源,除非有满意的补偿金,否则煤炭企业是不愿意放弃土地使用权的。

从地方政府的角度来看,一方面,政府财政能力有限,高额的补偿金会增加地方政府的负担,地方政府一般不会愿意支付补偿金;另一方面,地方政府又渴望提高自身业绩,希冀通过矿区土地的再开发改善城市形象。另外,位于城市中心的老工业用地企业,其生产方式粗放、产出效益低,当前土地的区位价值属性没有充分发挥出来,需要政府部门市场化干预。由上述分析可知,在收储的过程中,地方政府与煤炭企业双方对于补偿标准很难达成一致的意见,地方政府需要做大量的协调工作,项目开展困难。

(2) 预期收益分配冲突

在预期收益上,地方政府与煤炭企业存在明显的差距,无法达成一致,致使矿区土地继续维持低效利用状态,土地产权无法让渡给更有效率的使用者,造成国有资产变相流失。另外,地方政府将低效利用的土地使用权从煤炭企业手中收回需要付出高昂的交易成本,以至于改变用地性质所付出的代价要高于维持产权现状所支付的费用。煤炭企业经过多年的工业生产活动,产生了土地投资性增值和其他各种增值,在这个过程中,煤炭企业的贡献是不可磨灭的。考虑到煤炭企业的付出,地方政府不能无偿收回土地使用权,需要给予煤炭企业补偿金,然后才能推动土地的收储开发工作。除此之外,在土地重新招拍挂的过程中会产生溢增值,这部分收益如何在二者之间分配没有明确的政策规定,一般是各地自行其是。同时,煤炭企业希望能够分享土地再开发后的增值收益。关于这部分预期收益的分配问题,政府和煤炭企业很难达成一致的意见。若煤炭企业分配比例过高,政府土地财政收入减少;若分配比例较小,煤炭企业会强烈抵触政府收储,不利于土地资源的重新配置。

3.4.1.3　地方政府与开发商利益冲突

矿区土地多位于城市中心,占据商业价值较高的地段,且经过多年的发展,基础设施也较为完善。近些年,由于煤炭行业的不景气,我国煤炭资源枯竭型城市的数量逐渐增多,一些大型煤炭企业集团面临转型发展的需求。由此,我国出台了一系列支持资源枯竭型城市转型发展的政策,积极引导开发商对矿区土地进行再利用,并提出了一些激励措施,对于吸引开发商投资起到了良好的作用。

但是,矿业用地相对复杂,地方政府和开发商存在对土地开发条件的冲突。

(1)信息资源条件的冲突

在开发初期阶段,开发商需要通过与政府不断谈判来获得有利的开发条件和政策。但是,在获得土地使用权的过程中,开发商对于信息资源的掌握难度较大,在投标预算的过程中不易控制用地成本,在招标的过程中,通常是价格高的开发商中标。[35]这无形中造成了开发商之间的竞争,迫切得到土地的开发商就会抬高价格,限制了其他开发商的权利。另外,一些政府官员的腐败会导致定向招标,形成"串谋",一些没有"背景"的开发商就被排除在外,造成不公平现象。

(2)污染治理责任的冲突

矿区地块一般会存在或多或少的污染,我国对于污染地块的治理大多实行"谁污染,谁治理"的政策机制。然而在实际操作的过程中,由于原用地企业资金、技术条件有限,对于污染地块的治理工作往往需要分担一部分给开发商。因此,开发商在投资的过程中就会综合比较环境治理和商业利益,以及后期可能带来的一系列纠纷问题。地方政府作为公共部门,对于城市环境治理有不可推卸的责任,一般会出台各种政策吸引开发商投资并在环境治理划分界线方面与开发商谈判。

3.4.2 深层冲突

利益冲突是制度创新的前提条件,利益相关者之间的冲突是由更深层次的原因所导致的。我国土地再利用制度存在约束的本质问题是产权流转制度、收益分配制度设置不合理,致使实际操作中遇到一些难以协调的问题,当前我国矿区土地再利用还存在一些亟待解决的深层次矛盾和问题。

3.4.2.1 政府主导与市场机制冲突

土地再利用的主体由政府主导开始向市场力量转变,土地增值收益分配由原先的地方政府、开发商分享逐渐向地方政府、原用地企业、开发商三者之间的分配转变。市场机制促进了再开发效率的提高,在城市土地再开发过程中发挥着越来越重要的作用。但是市场机制也会产生一些新的问题,部分地块产权关系比较模糊,而市场组织一般缺乏类似项目的经验,矿区土地再利用的过程中易产生新的需求,倾向于选择一些盈利丰厚的现代服务业,对于基础设施等公益性行业积极性不高。由于市场机制不可避免地存在缺陷,在资源枯竭型矿区土地再利用的过程中也与地方政府主导呈现出一定的矛盾。

(1)"政府主导"特点

政府主导的矿区土地再利用是指政府出资对由于矿产资源的开采而导致矿

区低效利用的土地进行统一改善或改造的行为。政府代表公共利益,维持和谐稳定和促进发展是其根本目标。在改造过程中,地方政府更愿意以发展关系国计民生的基础设施、服务产业等来盘活老工业基地,从而避免矛盾、促进城市转型与社会和谐发展。

(2)"市场机制"特点

为解决再开发所需资金问题,地方政府开始考虑引入市场机制,将资源枯竭型矿区土地再开发项目委托给开发商,而开发商出于自身经济效益的考虑以及根据市场需求,更愿意将城市中心那些区位条件较好的传统建筑一并拆除重建,以获得较高的收益。

围绕不同的目标,政府主导下的"强势地方政府"和市场机制下的"强势方开发商"在矿区土地再利用中处于一种合作、博弈的复杂关系。而目前,工业用地再开发制度对于选择政府主导还是市场设计比较模糊,大多数城市仍根据再开发中政府与开发商孰强孰弱来决定政府主导还是市场主导,仅有广州、深圳等部分城市明确提出"政府引导,市场运作"的再开发操作模式。因此,如何在政府主导和市场机制之间进行取舍,是制约着目前资源枯竭型矿区土地再利用的重要环节。

3.4.2.2 再利用路径与审批制度冲突

土地再利用主要有保护改造、强度挖掘、功能改变、用途变更、市场流转、土地重建等6种模式,但就资源枯竭型矿区土地再利用制度的创新而言,主要涉及的是强度挖掘模式、用途变更模式和土地重建模式,每种模式下又包含若干种具体的再利用路径,见表3-8。但是,上述再利用路径并非完全与现行的审批制度相符合。

表 3-8　矿区土地再利用模式与产权性质、路径对应关系

再利用模式	产权性质	再利用路径
强度挖掘	土地强度改变,原有建筑结构、建筑功能、土地性质不变	容积率挖掘,投资和技术挖掘
用途变更	土地性质变更,建筑功能改变,建筑结构可变可不变	自行改性,收购改性
土地重建	土地性质可变或可不变,产权人可变或不变	回购开发,自行开发,合作开发,收购开发,土地置换开发

(1)功能改变与现行的审批制度冲突

再利用功能改变与审批制度的冲突主要表现为用途变更的合理不合法。

很多处于城市中心的资源枯竭型矿区土地功能改变需求迫切却因法律的限制而影响土地价值实现。在我国现行的法律体系下,没有针对矿业用地功能改变的法律条文。矿业用地想要改变使用功能,需要首先改变土地证载用途。我国土地再利用的政策规定,土地用途改变为经营性用地的,根据土地取得方式的不同,政府需要以无偿或者有偿的方式先将其土地纳入城市土地储备系统,再由市场进行招拍挂、公开出让。这种方式使得土地获取成本较高,研发设计、信息产业等现代服务业和新兴产业准入门槛高,土地功能改变困难。另外,制度的限制使得部分矿业土地使用权人在未获得许可的情况下自行进行用途变更,尽管土地得以再利用,但这些行为缺乏合理引导、规划和监督,导致制度不公平、安全存在隐患、城市用地混乱、社会矛盾激化、国有土地增值收益流失等后果。

(2)容积率挖掘与现行审批制度冲突

2010年《国土资源部关于严格落实房地产用地调控政策促进土地市场健康发展有关问题的通知》要求:"坚决制止擅自调整容积率行为。经依法批准调整容积率的,市、县国土资源主管部门应当按照批准调整时的土地市场楼面地价核定应补缴的土地出让价款。"国有土地使用权的出让价格受到这一政策的影响,若煤炭企业对土地再利用的过程中提高容积率需要按市场楼面地价补缴土地出让金,增加了进行强度挖掘的成本,阻碍了煤炭企业进行强度挖掘的积极性,不利于矿区土地的集约利用。

(3)土地回购和审批制度冲突

土地回购是指由地方政府收回土地使用权纳入城市土地储备开发,有无偿和有偿两种回购方式。对于划拨地通常由地方政府无偿或给予少量的补偿收回土地使用权。土地回购过程涉及多个参与部门,如国土资源局(政府部门)、规划设计院、环保部门等,后期还可能出现拆迁公司。资源枯竭型矿区土地从政府收回使用权、项目前期可行性研究、项目立项、项目开展、项目实施直到项目完成,环节众多,每一环节都需要取得合理的手续,程序繁杂沟通协调困难,面临审批环节的层层关卡以及协调职工安置的问题,而且市场环境瞬息万变,加之高昂的出让金使得开发商望而却步。另外,此过程中参与部门众多、权利不集中,易引起资金的不知去向、造成国有资产的流失。土地回购再利用运作流程,见图3-12。

(4)成片拆改留与现行审批制度的冲突

煤炭企业在常年的工业生产经营活动中,由于生产和矿区职工生活的需要,形成了完整的工业厂房、库房、生活设施等,这些地上建筑物有的破旧不堪,也有

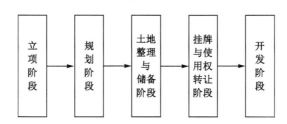

图 3-12　土地回购再利用运作流程

的相对完好,不能同样对待。对于需要保留的建筑物,地方政府无法收储,土地使用权让渡和审批制度之间存在冲突。目前,全国许多资源型城市存在大规模的枯竭型矿区土地再利用等成片"拆改留"项目。对于许多该类项目,由于土地上存在保留建筑,法律不允许毛地出让,故建设单位无法顺利获得土地使用权,在拆除重建部分项目立项申请时存在障碍。

3.4.2.3　产权处置与招拍挂冲突

资源枯竭型矿区土地有早期的划拨、授权经营以及出让用地,其权能不同,对应的产权处置方式也不同。产权处置与招拍挂制度的冲突也是阻碍矿区土地再开发的主要原因。《国务院关于加强土地调控有关问题的通知》《关于进一步落实工业用地出让制度的通知》均指出工业用地不能在企业间横向流转,必须由政府进行收储,采用招标拍卖挂牌方式出让。依此政策,不难发现,进行用途变更后,产权变更必须走招拍挂程序,这就加大了资源枯竭型矿区土地再开发的实施难度。位于城市中心的资源枯竭型矿区土地有转变用途、发展第三产业的需求,而在改变用途,重新开发必须在招拍挂制度下,土地使用权无法定向交易且重新开发成本较高,导致煤炭企业缺乏土地再开发动力。

另外,矿区土地上遗留大量的基础设施,如职工学校、医院、宿舍等,在资源枯竭型矿区土地再利用的过程中部分建筑物具有保留价值,在这种情况下,产权处置与招拍挂制度冲突更为明显。按照现行制度,拆除建筑后土地使用权需实行政府收储和重新"招拍挂"出让。然而,这种地块上部分保留建筑项目的再利用土地使用权仍属于原土地使用权人,无法满足"招拍挂"条件。资源枯竭型矿区土地再开发受到现有制度规定的制约,迫切需要制度创新,以突破"工业用地性质的改变必须政府收储再招拍挂"的这一规定。应创新多种产权流转方式,引导市场主体和社会资本参与矿区土地再开发。从制度上避免产权违法变更的"潜规则"及由此造成的项目之间产权处置的横向不公平。

3.4.2.4　增值独享与利益共享冲突

增值收益是矿区土地再开发的直接动力,再开发的过程涉及对利益相关者利益分配格局的重新调整和配置。一方面,政府部门具有增值独享的诉求,另一方面,煤炭企业和市场主体更希望土地再开发的增值利益能够共享。

（1）政府增值独享

地方政府是制度的直接实施者,占有先导资源优势,地位较为强势。在实施矿区土地再利用中,政府希冀通过公权力获取全部的土地增值收益。这样一来,对于需要庞大资金实施保护改造的项目,因煤炭企业及社区居民无增值可图,而使得矿区土地再利用工作难以推进。

（2）利益共享诉求

为推进资源型城市转型,盘活低效利用矿区土地,部分地方政府开始让利于煤炭企业,从原来的增值收益独享转向了与原用地煤炭企业、社区居民共享的格局。然而,国有土地使用权收回缺乏国家层面的政策指导,地方政府与煤炭企业的利益分成大多基于一事一议的策略。对于规划用途改变带来土地增值收益的争夺僵持不下,利益分配矛盾较为突出,难以在战略层面形成土地再开发的总体态势。煤炭企业作为土地的实际使用者,在对土地的价值增值过程中做出了不可磨灭的贡献,政府部门不能将煤炭企业分享土地增值的权利排除。若将土地收储,政府给予煤炭企业充足的利益补偿才能推动土地再开发的持续进行。但随着城市化发展的不断深入,城市中心区资源枯竭型矿业用地的再利用将产生巨大的增值利润空间,地方政府和煤炭企业对这部分增值收益的分配进行着不断的博弈。

（3）案例研究——徐矿集团土地增值收益分配方案

徐州市作为典型的资源型城市和老工业基地,为江苏和全国经济发展做出了重大贡献。为解决徐州资源枯竭型矿区土地低效利用的现状,加快苏北振兴步伐,2008 年江苏省出台了《中共江苏省委、江苏省人民政府关于加快振兴徐州老工业基地的意见》和《关于贯彻落实加快振兴徐州老工业基地意见的实施方案》,针对徐矿集团土地退出问题提出以下实施方案:盘活利用煤炭企业存量土地资源,对已授权给徐矿集团经营的土地,允许徐矿集团作为法人资产,在本企业内转让、作价出资、出租、抵押;对用地主体变更,土地用途改变的,应列入徐州市政府土地储备计划,由政府收储公开上市出让,土地增值收益按照 5∶5 的比例由徐州市政府和徐矿集团进行分配,这样缓解了煤炭企业与地方政府就矿区土地再开发土地增值收益分配的冲突。

3.4.2.5 矿业权属与土地产权冲突

矿区土地是依附于矿产资源的存在而产生的,矿业权和土地产权是两个独立的分支,法律依据不同。我国《矿产资源法》规定了矿业权的流转方式,而矿区土地使用权的流转依据的是《土地管理法》。现行的法律法规对于矿业权、矿区土地使用权的流转未能作出有机协调，导致二者在行使的过程中易产生冲突。

（1）矿区土地使用权和矿业权流转关系不明确

土地及矿产资源作为国家宝贵的物质财富，在社会发展中起着非常重要的作用。但是我国对于二者的流转未能给出一体化的政策机制加以保障，不同的地方采取不同的做法。矿区土地使用权和矿业权在按照各自对应制度流转的过程中将会产生冲突，导致交易成本增加，与此同时还增加了交易的风险系数。完善的制度环境才能保障矿业用地使用权市场的良性运转。相关制度的缺失导致矿业用地使用权和矿业权流转关系的不明确，进而造成矿业用地使用权的行使出现混乱现象，制约其正常、高效流转。随着矿业市场逐渐健全，矿业权的流转性不断加强，急需相关制度的建立来保障矿业权与矿区土地使用权一同流转。

（2）矿区土地与矿业权审批主体不一致

我国政策规定采矿权转让仅限于部、省审批，矿业权人提交转让申请书和转让合同等资料才能申请矿业权转让。在登记机关准许转让的条件下，受让人和转让人到原发证机关办理相应的变更登记手续。受让人成为法定的探矿权人需按照规定缴纳一定的费用并领取勘察许可证。可见，矿业用地使用权转让审查并未包含在对矿业权转让的审批中。我国《土地管理法》及《城镇国有土地使用权出让和转让暂行条例》规定，矿业用地使用权转让时若土地用途未发生改变则不需要相关部门的审批，转让方和受让方在土地所在地办理变更登记即可。但划拨用地的转让需要经过人民政府的审批，转让价款也需要人民政府做出处理。

矿业权转让和矿区土地使用权转让是两个互相独立的程序，当矿业权经过审批转让时，以划拨方式取得的用地往往会存在无法转让的现象。

（3）矿业权终止后矿区土地使用权难以流转

由以上分析可知，矿区土地取得方式有划拨、出让和授权经营。对于划拨用地，矿业生产活动结束后，矿业权消失，政府将无偿或低偿收回矿业用地使用权。《城镇国有土地使用权出让和转让暂行条例》规定，以出让方式取得的土地使用权不可以提前收回，除非在出于公共利益需要的特殊情况下。矿业用地使用权的最长期限是 50 年，在出让给使用权人时一般都是最长使用年限，然而矿业权的最长使用年限只有 30 年，且矿业权的实际使用期限很短。当矿业权届满时或矿产资源在矿业权存续期间开采枯竭时，煤炭企业仍然拥有矿业用地使用权。该地属于建设用地，若闲置的话将面临被国家收回，并未规定进入二级市场进行流转。对于授权经营用地，若进入二级市场流转的话需要先转化为出让用地，可见其流转受限。

综上所述,在资源枯竭型矿区土地再利用制度设置时,应平衡政府主导和市场机制之间、再利用路径和审批制度之间、产权处置和招拍挂制度之间、增值独享和利益共享之间以及矿业权属和土地产权之间的矛盾和冲突。寻求协调利益相关者之间冲突的根本途径,是从源头上解决问题的正确方式。

4　资源枯竭型矿区土地退出路径分析

随着城镇化的快速发展,城镇建设用地的供给与需求矛盾日益突出。同时,由于矿产资源的日趋枯竭,位于城镇规划范围之内的矿区土地即将面临闲置。考虑到矿井关闭的煤炭企业为区域经济做出的巨大贡献和大量的下岗职工安置问题,政府无法将国家划拨和授权经营用地无偿收回。如何科学、合理地收回已不再符合城市规划的闲置矿业用地,同时又能保证矿井关闭的煤炭企业得到合理补偿,已成为政府及国内外学者亟须解决的问题。按照政府的参与程度,可将矿区土地退出路径划分为土地收储和土地置换两大类。

土地收储:尽管中国施行土地储备开发制度较晚,但其内涵与工作的内容已基本明晰,同时储备开发的积极意义已被认可。目前对土地储备开发的研究主要集中在土地储备功能、土地储备模式、土地储备融资及风险管理等方面。此外,土地储备运作机制及其相关配套措施大多是在实践中不断探索和完善而形成的,土地储备理论方面的研究有待加强。

土地置换:作为因资源枯竭或政策性关闭的煤炭企业,在区域经济的发展过程中做出了不可磨灭的贡献,为有效扶持该类企业持续发展,促进其进行产业转型,帮助其解决大量下岗职工再就业等民生问题,地方政府应通过酌情、合理的处置方式,在依法收回原有矿业用地的同时,在城镇建设用地范围内置换其他用地。通过查阅国内外相关研究文献并进行梳理分析可以发现,目前能够适用于煤炭企业相关土地置换的科学、合理并具有可操作性的理论研究较少,这给置换工作的进行带来了诸多现实困难。

4.1　资源枯竭型矿区土地收储

4.1.1　土地收储内涵

土地收储(土地收购与储备制度)是国土资源部门和各级地方政府为顺应我国"经营城市、经营土地"的需要而进行的土地制度创新。[36] 早在 20 世纪 90 年代后期我国的土地收储工作就已在各大城市展开运作,国土资源部、财政部以及中国人民银行于 2007 年 11 月联合颁布了《土地储备管理办法》,重点对加强土地调控、完善土地储备制度、规范土地市场、促进土地节约利用、提高土地利用率等方面进了强调。土地收储工作对我国经济、社会的发展有着非常重要的作用和意义。

通过土地收储可以有效盘活闲置的或利用效率低的矿区土地,更好地管理城市增量土地,完善土地市场,实现土地资源的优化配置,使城市土地资本实现增值,给政府带来财政收入,也是我国土地招拍挂制度实施的基本保障。然而,随着《物权法》的颁布和《国有土地上房屋征收与补偿条例》的出台,通过征收拆迁补偿对实施非公共利益的土地收储行为有了制度上的制约。土地收储过程越来越呈现出政府与原土地使用权人的博弈。

土地收储是指,由政府部门自己或委托其他机构通过征用、收购、换地、转制和到期收回等方式,将处于闲置状态或利用效率低的工矿土地集中起来,由政府或政府委托机构粗制进行开发,并根据城市土地出让年度计划将土地投入市场的管理手段。在整个土地储备过程中,储备机构承担着管理土地、开发土地和土地价值增值的任务,储备行为兼有经济性和政府性的双重属性,土地储备博弈过程的核心问题是政府与原土地使用者之间的利益分配问题。由此,各地方政府在具体实施土地储备的过程中,为了推进土地收储工作顺利进行,针对原土地使用权人所处的实际情况分别采取各种不同的利益分配方式(或补偿方式)。

4.1.2 矿区土地收储利益分配方式

为了制定出公平、合理的利益分配方式,需借鉴土地收储过程中有利的利益分配方式。综观各城市土地收储利益的分配机制,大致上可以分为三大类[37](见表4-1):基于土地现状价格的分配方式、基于土地出让价格的分配方式和基于土地评估价格的分配方式。从表4-1可知,我国现有的土地收储利益分配方式的特点,并可获得以下信息。

越来越多的城市不仅仅只是进行现状利用条件下的补偿,而是采用各种方式,把土地规划条件优化所带来的土地增值利益按照不同程度分配给原土地使用权人。这使原土地使用者可以获得更大的利益,以促进收储工作顺利进行。此外,针对我国复杂的土地使用权、产权结构,各地政府还对不同土地使用权的取得方式(无偿划拨、有偿出让)设计了相应的补偿规定,对通过有偿出让方式获得土地的原土地使用者让渡更多利益,以补偿其在获得土地过程中所支付的土地出让金。

各城市的补偿政策都是以我国现有的法律和土地产权制度为基础的,我国的土地产权体系中与土地收储利益相关的权利包括土地所有权、土地使用权、土地处置权以及土地发展权。根据《宪法》和《土地管理法》的相关规定,土

表 4-1　城市土地增值收益分配方式

利益分配方式		特点	案例
基于土地现状价格	现状补偿	依据现行的土地拆迁补偿办法；一般会考虑到土地的用途、剩余使用年限、区位等因素；原使用者分配的利益仅仅是对现状价值的补偿	深圳市：土地的收购价格根据区位、用途、土地使用权年期等因素拟定；南京市：根据土地剩余使用年限和土地使用者对土地的实际投入给予补偿
	现状加成补偿	在现状评估价格补偿的基础上，增加一部分补偿；补偿额度是通过谈判该确定的	沈阳市：针对以有偿方式收回目已登记为工业类用地、规划为住宅或商业建设用地部分的土地使用权评估高出现状价值高出部分的 40%予以补偿
基于土地出让价格	出让价格固定比例分配	原土地使用者直接参与分享土地的增值收益	太原市：除了实行收储的划拨土地出让地价的 60%补偿外，对困难企业，经市政府批准后，再按出让地价的 20%给予增加补偿，用于支持企业增资减债，结构调整或职工安置
	出让价格分级比例分配	采取对不同企业进行分级，按照土地出让收益不同比例进行分配	莱芜市：采取对不同级别的单位进行不同比例的补偿方式。企业或个人使用的划拨土地改变为商业或经营性住宅用地的，出让总价扣除国有土地收益基金、农业土地开发资金和相关费用后，出让单价按不同比例进行分成
	出让增值收益按比例分配	收储企业除了可以获得基本的拆迁补偿外，还可以与政府一起参与土地出让增值收益的分配	兰溪市：根据不同企业的补偿除了按照原用途评估价、房产（建筑物）重置评估价以后，还将出让金的净收益按比例返还给生产企业退城，为了鼓励生产企业，在出让出以后，还给企业
	出让拍实溢价按比例分配	将招出让出让底价的溢价部分由收储企业与政府按比例分配	昆山市：属于企业使用的国有划拨土地或出让土地的，在城区范围内的按市政府与企业 7∶3 的比例分成，其他区域的按政府 6∶4 的比例分成
基于土地评估价格	基准地价增值收益补偿	主要依据城市基准地价，补偿额相对确定，不受未来出让收益的变动影响	台州市：对各类储备用地，特别是对工矿仓储用地的收储补偿可采用置换土地补偿、置换房产补偿或货币补偿中的一种
	评估价值增值收益补偿	收储企业可以以一定比例分享规划用途市场评估价的增值收益	昆明市：收购工业和非经营性用地规划为商业、旅游、娱乐和商品住宅等经营性用地的，依据该项目土地的原用途和规划用途评估价和现有价的算术平均水平均进行补偿

地使用者依法享有占有、使用、收益和部分处分的权利,因而土地使用权利益和部分的土地处置权利益应该归原土地使用者所有。况且,国家作为土地所有者和土地制度与政策的制定者,在与原土地使用权人博弈的过程中一直占据主导地位,成为实际利益的最大受益者,原土地使用权人的利益通常以土地储备制度公共利益为理由而被忽视。虽然我国在 2007 年出台的《土地储备管理办法》对收储土地的补偿有相应的规定:"收购土地的补偿标准,由土地储备机构与土地使用权人根据土地评估结果协商",但是这一规定过于宽泛,仅是原则性的意见,无法对各城市起到具体的指导作用,可操作性不强。实际上,我国目前各地实行的土地收储补偿办法主要依据各地政府出台的地方性法规或政策性文件,因而使得城市间的政策差异大,各城市的利益分配政策缺乏统一性和科学性。

4.1.3 土地收储可行性分析

政府部门能够采取的行动策略主要有两种。一种是采取政府主导的土地储备开发模式,由政府来牵头、领导、决策,按照城市规划与土地利用规划,对土地进行有节奏的回收并支付拆迁补偿,然后以招标形式选择施工企业进行土地的开发并支付相应的开发成本与利润,最后进行土地的出让并获取土地出让金(见图 4-1)。另一种是采取政企合作的模式进行土地储备开发,即政企双方成立项目公司,对土地进行收储,土地整理完成以后移交政府进行出让,而后政府将资金返还项目公司(见图 4-2)。

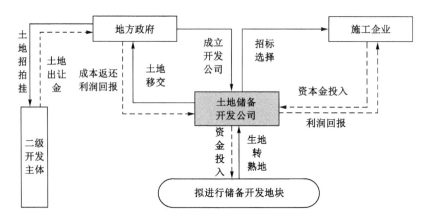

图 4-1 政府主导的土地储备开发模式

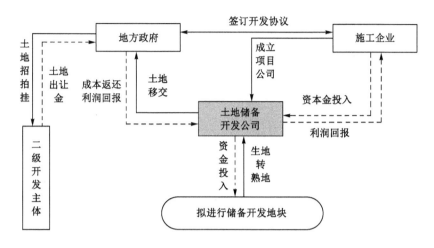

图 4-2　政企合作的土地储备开发模式

4.2　资源枯竭型矿区土地收储博弈过程

4.2.1　土地收储利益相关者分析

利益相关者理论是 20 世纪 60 年代发展起来的。该理论认为利益相关者必须具备以下三个属性:合法性,即是否在法律和道义上具有索取权;影响力,即是否拥有影响行动的地位、能力和相应的手段;重要性,即其采取的策略以及其利益诉求能否引起关注。[38]根据这一依据进行判断,尽管矿业用地土地储备开发涉及多方利益主体,既有与原土地利用者相关的煤炭企业、企业职工等,又有国土资源局、税务局、建设局、规划局等政府部门,还有进行土地开发实施的单位、新土地使用单位等。根据其所扮演角色的不同将利益主体分为原土地使用者、政府部门、土地储备开发单位和新土地使用单位等四类(见图 4-3)。

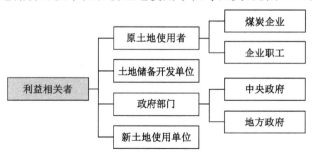

图 4-3　矿区土地储备开发利益相关者

4.2.2 矿区土地收储主体利益博弈分析

在博弈进行求解之前,首先需要明确计算出在现行市场情况下改造的矿区土地的价值。假设该矿区土地的价值为 V,且该价值是指土地增值后的价值,并已除去土地基础设施建设成本。在博弈求解之前,首先需要明确计算出在现行市场情况下收储的矿区土地的价值,这是整个博弈的基础部分。此处矿区土地的价值是指土地增值后的价值,且已除去土地基础设施建设成本。收储博弈分析变量,见表 4-2。

表 4-2 收储博弈分析变量一览表

变量符号	变量名称	变量符号	变量名称
V	矿区土地增值后价值	λ_1	收储过程中第 i 回合原土地使用权人获利比例
I_i	政府提出方案,$i=1,3,\cdots$	I_i	原土地使用人权人提出方案,$i=2,4,\cdots$
E_i	第 i 回合政府获得利益	F_i	第 i 回合原土地使用权人获得利益
ε_1	政府谈判损耗系数	ε_2	原土地使用权人谈判损耗系数

注:ε_i 表示双方谈判损耗系数,即为谈判双方所付出的时间、精力、金钱和为此所失去的机会成本。

在市场稳定的情况下,土地出让收益与拆迁安置成本、基础设施建设成本的可变性比较小,能够较好地度量,土地增值收益能够比较容易地计算。并且,由于政府对土地的垄断性控制以及政府对土地收储具有较大的选择范围,因此在讨价还价中政府具有 Rubinstein 讨价还价模型的"先发优势",可以优先出价。

第一回合:首先由政府提出方案 I_1,即向原土地使用权人支付 $\lambda_1 V$ 的收益,此时双方的收益为:

$$E_1 = V - \lambda_1 V \tag{4-1}$$

$$F_1 = \lambda_1 V \tag{4-2}$$

如果原土地使用权人接受方案 I_1,则讨价还价结束,双方按照上述方案进行分配。

第二回合:如果原土地使用权人不接受方案,则原土地使用权人提出自己的方案 I_2,即向政府争取 $\lambda_2 V$ 的收益,此时双方的收益为:

$$E_2 = \varepsilon_1 (V - \lambda_2 V) \tag{4-3}$$

$$F_2 = \varepsilon_2 \lambda_2 V \tag{4-4}$$

如果政府接受方案 I_2,则讨价还价结束,双方按照上述方案进行分配。

第三回合:如果政府不同意方案 I_2,则政府提出自己的方案 I_3,即向原土地

使用权人支付 $\lambda_2 V$ 的收益,此时双方的收益为:

$$F_3 = \varepsilon_2^2 \lambda_3 V \tag{4-5}$$

$$E_3 = \varepsilon_1^2 (V - \lambda_3 V) \tag{4-6}$$

如果原土地使用权人接受方案 I_3 ,则讨价还价结束,双方按照上述方案进行分配。

无限循环:如果原土地使用权人不同意方案 I_3 ,则原土地使用权人提出自己的新方案,如此循环下去,直到达到双方满意。对于第 t 回合的双方收益可以表示为:

$$E_t = \varepsilon_1^{t-1} (V - \lambda_1 V) \tag{4-7}$$

$$F_t = \varepsilon_2^{t-1} \lambda_t V \tag{4-8}$$

基于 Rubinstein 模型的矿区土地收储博弈树,见图 4-4。

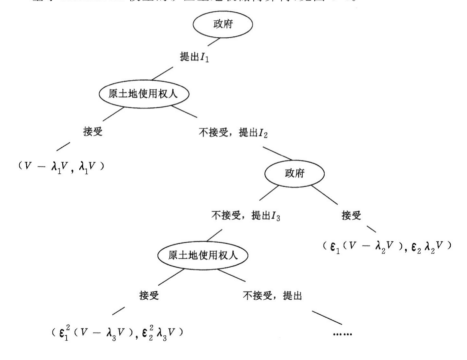

图 4-4　基于 Rubinstein 模型的矿区土地收储博弈树

对于 Rubinstein 模型在无限期情形下博弈的子博弈精炼纳什均衡求解,通过假定"无限期博弈从 $(t-2)$ 时期开始和 t 时期开始均衡结果完全相同",将无限维问题化为有限维问题,给出了逆向归纳法的思路解决方案。

假设该博弈进行到第三回合必须结束,用逆向归纳法来求解这一博弈,首先分析第三回合。由于在这一回合政府的出价原土地使用权人必须接受,根据理性人假设,政府会选择 $\lambda_3 = 0$,不给予原土地使用权人任何补偿,使自身利益最大化。不过为了保证土地收储工作的顺利进行和原土地使用权人的可持续发展,暂且排除这一极端情况,政府仍然按照一般出价。此时,政府与原土地使用权人的收益为 $(\varepsilon_1^2(V-\lambda_3 V), \varepsilon_2^2 \lambda_3 V)$。

返回第二回合:该回合由原土地使用权人出价,由于原土地使用权人知道一旦博弈进行到第三回合,双方收益为 $(\varepsilon_1^2(V-\lambda_3 V), \varepsilon_2^2 \lambda_3 V)$。如果原土地使用权人已经拒绝了第一回合政府提出的方案,此时原土地使用权人只有提出让政府接受的方案才能保证自身收益最大化,否则一旦进入第三回合,原土地使用权人存在收益为零的可能。为了使政府在该回合接受原土地使用权人提出的方案,原土地使用权人在该回合提出的方案应该满足以下条件:政府接受时的收益与拒绝这一出价进行下一回合的收益无差别(或者不小于第三回合)。同时需要保证原土地使用权人自身收益增大,即满足以下不等式:

$$\begin{cases} E_2 \geqslant E_3 \\ F_2 \geqslant F_3 \end{cases} \tag{4-9}$$

即:
$$\begin{cases} \varepsilon_1(V-\lambda_2 V) \geqslant \varepsilon_1^2(V-\lambda_3 V) \\ \varepsilon_2 \lambda_2 V \geqslant \varepsilon_2^2 \lambda_3 V \end{cases} \tag{4-10}$$

因该回合是由原土地使用权人提出方案,取 $E_2 = E_3$,即 $\varepsilon_1(V-\lambda_2 V) = \varepsilon_1^2(V-\lambda_3 V)$,求解可得:

$$\lambda_2 = \frac{V - \varepsilon_1(V-\lambda_3 V)}{V} \tag{4-11}$$

则:
$$\begin{aligned} F_2 - F_3 &= \varepsilon_2 \lambda_2 V - \varepsilon_2^2 \lambda_3 V \\ &= \varepsilon_2 V - \varepsilon_1 \varepsilon_2(V-\lambda_3 V) - \varepsilon_2^2 \lambda_3 V \\ &= \varepsilon_2 V - \varepsilon_1 \varepsilon_2 V + \varepsilon_1 \varepsilon_2 \lambda_3 V - \varepsilon_2^2 \lambda_3 V \\ &= \varepsilon_2 V(1-\varepsilon_1) + \varepsilon_2 \lambda_3 V(\varepsilon_1 - \varepsilon_2) \end{aligned} \tag{4-12}$$

现实生活中,由于政府和原土地使用权人均是"理性的经纪人",故政府分给原土地使用权人的利益绝对不会大于该块土地自身的价值,即 $V \geqslant \lambda_3 V$,故式(4-12)可转化为不等式:

$$F_2 - F_3 \geqslant \varepsilon_2 \lambda_3 V(1-\varepsilon_1) + \varepsilon_2 \lambda_3 V(\varepsilon_1 - \varepsilon_2) = \varepsilon_2 \lambda_3 V(1-\varepsilon_2) > 0 \tag{4-13}$$

显然在第二回合结束,原土地使用权人所提出的分配方案将使得政府和原土地使用权人都得到不小于第三回合的收益。此时,双方收益为:

$$E_2 = \varepsilon_1^2 V(1-\lambda_3) \tag{4-14}$$

$$F_2 = \varepsilon_2 V(1-\varepsilon_1 + \varepsilon_1 \lambda_3) \tag{4-15}$$

返回第一回合:该回合由政府出价,由于政府一开始就知道在第三回合自身

收益为 $E_3=\varepsilon_1^2(V-\lambda_3V)$，也知道原土地使用权人的出价，进行到第二回合政府的收益是 $E_2=\varepsilon_1^2V(1-\lambda_3)$，原土地使用权人则会满足于得到 $F_2=\varepsilon_2V(1-\varepsilon_1+\varepsilon_1\lambda_3)$ 的收益。因此，如果政府在第一回合的出价能够使原土地使用权人获得的收益不小于 F_2，则原土地使用权人将会接受这一出价。根据费用可以得到，在这一回合政府的出价应满足以下条件：

$$\begin{cases} E_1 \geqslant E_2 \\ F_1 \geqslant F_2 \end{cases} \tag{4-16}$$

即：

$$\begin{cases} V-\lambda_1V \geqslant \varepsilon_1^2V(1-\lambda_3) \\ \lambda_1V \geqslant \varepsilon_2V(1-\varepsilon_1+\varepsilon_1\lambda_3) \end{cases} \tag{4-17}$$

由于是政府提出的方案，取 $F_1=F_2$，即 $\lambda_1V=\varepsilon_2V(1-\varepsilon_1+\varepsilon_1\lambda_3)$，求解可得：

$$\lambda_1=\varepsilon_2(1-\varepsilon_1+\varepsilon_1\lambda_3) \tag{4-18}$$

则：

$$\begin{aligned} E_1-E_2 &= V-\lambda_1V-\varepsilon_1^2V(1-\lambda_3) \\ &= V(1-\varepsilon_2+\varepsilon_1\varepsilon_2-\varepsilon_1\varepsilon_2\lambda_3-\varepsilon_1^2+\varepsilon_1^2\lambda_3) \\ &= V[1-\varepsilon_2+\varepsilon_1(1-\lambda_3)(\varepsilon_2-\varepsilon_1)] \geqslant 0 \end{aligned} \tag{4-19}$$

显然在第一回合结束之时，政府提出的分配方案将使得政府和原土地使用权人都得到不小于第二回合的收益。此时，双方收益为：

$$E_1=V-\varepsilon_2V(1-\varepsilon_1+\varepsilon_1\lambda_3) \tag{4-20}$$

$$F_1=\varepsilon_2V(1-\varepsilon_1+\varepsilon_1\lambda_3) \tag{4-21}$$

无限期谈判：在无限期的谈判博弈中，不管是从第一阶段开始还是从第三阶段开始都是由政府先出价，然后双方交替出价，直到另外一方接受为止。依据以上分析我们可以假设整个博弈有一个逆向归纳的解，政府和原土地使用权人分配的利益分别为 $V-\lambda V$ 和 λV，即政府在第一回合出价，原土地使用权人接受收益 λV。从第三回合开始这个无限期的博弈与从第一回合开始应该得到一样的结果，因此上述逆向归纳的解也应该是从第三回合开始的博弈结果。也就是说，第三回合也应该是政府出价 λV，原土地使用权人接受，双方收益为 $V-\lambda V$ 和 λV，而且这一结果是最终结果。

设 λ^* 为政府在无限期谈判博弈中可能得到的逆向归纳解下的最大收益。设想 λ^* 也是政府在第三回合的收益。根据前面三个回合谈判博弈的逆向归纳法得到的结论可知，政府在第一回合的收益为：$E_1=V-\lambda_1V$，由于 $E_1=V-\varepsilon_2V(1-\varepsilon_1+\varepsilon_1\lambda_3)$，且 λ^* 是政府在这一阶段可能获得的最大收益，于是有 $V-\varepsilon_2V(1-\varepsilon_1+\varepsilon_1\lambda^*)=V-\lambda^*V$，求解可得出：

$$\lambda^*=\frac{\varepsilon_2-\varepsilon_1\varepsilon_2}{1-\varepsilon_1\varepsilon_2} \tag{4-22}$$

该均衡结果即为无限期谈判博弈的子博弈精炼纳什均衡解，政府与原土地

使用权人分配的利益分别为:

$$E = \frac{1-\varepsilon_2}{1-\varepsilon_1\varepsilon_2}V \qquad (4-23)$$

$$F = \frac{\varepsilon_2-\varepsilon_1\varepsilon_2}{1-\varepsilon_1\varepsilon_2}V \qquad (4-24)$$

从式 $\lambda^* = \frac{\varepsilon_2-\varepsilon_1\varepsilon_2}{1-\varepsilon_1\varepsilon_2}$ 可以看出,在市场经济稳定,风险较小的情况下, λ^* 仅与双方的谈判损耗系数相关。根据式 $\lambda^* = \frac{\varepsilon_2-\varepsilon_1\varepsilon_2}{1-\varepsilon_1\varepsilon_2}$,分别对 ε_1 和 ε_2 求偏导,得出如下结果:

$$\frac{\delta\lambda^*}{\delta\varepsilon_1} = \frac{-\varepsilon_2(1-\varepsilon_1\varepsilon_2)+(\varepsilon_2-\varepsilon_1\varepsilon_2)\varepsilon_2}{(1-\varepsilon_1\varepsilon_2)^2} = \frac{\varepsilon_2^2-\varepsilon_2}{(1-\varepsilon_1\varepsilon_2)^2} < 0 \qquad (4-25)$$

$$\frac{\delta\lambda^*}{\delta\varepsilon_2} = \frac{(1-\varepsilon_1)(1-\varepsilon_1\varepsilon_2)+(\varepsilon_2-\varepsilon_1\varepsilon_2)\varepsilon_1}{(1-\varepsilon_1\varepsilon_2)^2} = \frac{1-\varepsilon_1}{(1-\varepsilon_1\varepsilon_2)^2} > 0 \qquad (4-26)$$

通过求偏导数,可以看出政府向原土地使用权人分配的利益比例 λ^* 与政府的谈判损耗系数 ε_1 呈减函数关系,与原土地使用权人的谈判损耗系数 ε_2 呈增函数关系。这也就意味着,原土地使用权人若想提高在土地收储中的利益分配比例,获取更多的补偿,就需要提高谈判损耗系数,而政府为了降低对原土地使用权人的补偿,也需要提高自身谈判损耗系数。

4.2.3 矿区土地收储模式分析

土地增值收益是各利益相关者积极盘活存量土地的根本动因,因此土地收益的分配比例对各利益相关者发挥着关键的激励作用。解决利益分配比例的关键在于分配原则和依据、分配对象和归属主体以及分配的管控手段。通过上述分析,利益分配的原则、分配对象、归属主体等已有明确设定,而对于分配依据及管控手段方面还需进一步了解。[39]

在针对工矿土地收储时,政府作为公共产品和服务的提供者,其职能是为社会大众谋取福利,为充分调动原土地使用权人的收储积极性,综合考虑土地原使用权人在矿区土地收储后的顾虑,政府往往会在基本补偿的基础上,进行各种方式的追加补偿;还有一些城市为了鼓励企业退城入园,或是"退二进三"目标的实现,根据不同企业的投资额度、税收额度或收储土地不同出让单价等标准进行分级,制定不同的补偿政策;更多的城市则是以一定比例的增值收益如出让价格增值收益、基准地价增值收益、评估价增值收益等的分成,使原土地使用权人可以获得更多的利益。

综上,在针对矿区土地收储时,首先政府部门要考虑煤炭企业的特殊性,作为国有企业,其实现可持续发展才能保障我国能源安全、经济稳定。而且煤炭企业作为"理性经济人",最终目的是要追求最大的经济效益,只有经济效益提高了,自身的综合实力增强了,才能为国家的经济发展和社会繁荣做出更大贡献。此外,还需考虑到煤炭企业承担着极大的社会责任——下辖职工的生存问题。在利益分配时,政府可根据原土地使用权人的具体情况将原土地使用权人该得的部分利益按照不同的方式对其进行补偿。补偿标准依据不同的情况,分别为闲置未利用的矿区土地和已利用但利用效率低下的矿区土地进行制定。针对闲置未利用的矿区土地,由于闲置未投资而造成低效的情况,认定标准可参照《闲置土地处理办法》,补偿标准按已收出让金加人民银行公布的同期贷款利率确定。对于地上建筑物、构筑物等按照《国有土地上房屋征收与补偿条例》确定补偿价格。对于那些已利用但使用效率低下的矿区土地,应该按照公开、公平、公正的办法对企业用地进行回购,并进行补偿。具体补偿方式可以分为货币补偿和实物补偿。

尽管在社会主义公有制下,中国的城市建设用地所有权归国家所有,但这并不代表政府能够随心所欲地进行土地收回,为构建和谐社会,避免强制拆迁造成恶劣的社会影响,政府部门需要同原土地使用单位进行相应的协商来实现土地的储备开发。

4.3 资源枯竭型矿区土地置换

4.3.1 土地置换内涵

资源枯竭型矿区土地的置换与一般土地置换有着相同的基础理论依据,均属于土地置换的范畴,但由于资源枯竭型矿区土地自身的特性,最终会对矿区土地的置换行为实施产生不同程度的影响。本节分别从土地置换基础理论[40]、矿区土地置换动力和阻力因素、矿区土地置换方式和可行性等方面对矿区土地的置换行为进行全面详细的剖析。

4.3.1.1 土地置换行为机理分析

土地置换行为本质为由于置换土地的区位不同而导致级差地租产生差异,进而形成土地的增值收益,从而促进置换行为的实施。

（1）级差地租理论

级差地租是指租用较优土地所获得的归土地所有者所占有的超额利润。级差地租形成的条件是土地存在等级差异。土地的等级差异是指,根据肥沃程度和地理位置的远近,可将土地分为优、中、劣三个等级。不同等级的土地,由于生产率或生产成本的不同,利润也不同,好的可以获得更多的利润(超额利润)。级差地租产生的原因是土地的有限性所引起的土地经营上的垄断。正是由于这种有限的优级条件被部分经营者垄断,这部分利润就要转化为级差地租,归土地所有者占有。

土地级差地租理论指出,级差地租理论依据地租形成条件的差异又分为级差地租Ⅰ和级差地租Ⅱ。土地肥力的差异以及土地位置(距市场远近)的差异是级差地租Ⅰ形成的条件,级差地租Ⅱ的产生是由于在同一块土地上连续追加投资,使土地具有更高的劳动生产率。这样,生产率不同的各个资本连续投在同一地块上形成的归土地所有者占有的超额利润转化为地租,即级差地租Ⅱ。级差地租Ⅰ是以土地的自然丰度为基础,级差地租Ⅱ则以土地的经济丰度为基础。在社会主义制度下的现代城市中,由于城市发展而产生的土地位置差异,如距离市中心的远近、交通便利条件及生活条件是否便利等都是造成级差地租差异的因素,而在土地上追加的投资也会成为级差地租存在的客观因素。

位于市区的资源枯竭型矿区土地,其土地价格要远远大于郊区工业园区的土地价格,即地租不同,从而产生级差地租。由于级差地租的存在,煤炭企业便能够通过市区闲置的较小面积的土地换取郊区较大面积的土地,从而达到提高市区土地价值潜力、实现煤炭企业转型发展的双重目的。

(2)区位理论

人类活动所占有场所的位置即为区位,人类活动场所及其在空间经济之间联系的理论即为区位理论。经济活动在空间分布位置除了自然地理位置外,还有交通位置及经济位置,该三种位置共同作用从而形成地块区位的优劣差异。

从土地经济学角度分析,区位对地块的经济影响包括:

① 距离城市商业中心(CBD)的远近程度。一般情况下,距离城市商业中心越远,地块区位条件就越差,土地市场价值就越低;反之,亦然。

② 道路通达度。道路通达性越好,土地市场利用价值就越高,从而土地的市场竞争性越强,土地的经济效益就越多。

③ 产业集聚和互补性。在同一区域内,相关产业配套越完善,相同产业集聚程度越高,就愈能形成有机整体,从而更易发挥出资源整合的优势。

④ 对土地的改善性投资大小。通常情况下对城镇土地单位面积改善性投资越多,其利用效率就越高,利用价值就越大,市场经济效益就越好。

位于市区的资源枯竭型矿区土地与郊区的工业园区相比,距市中心和繁华的商业区或商务区较近,有较好的通达性,对土地的投入较高,因此具有较好的区位条件,有较高的土地收益,从而有较高的土地价格。另外,根据区位理论,集聚能使煤炭企业得到综合效益,优化资源配置和实现资源的共享。由于市区内的土地利用密度较大、开发潜力较高,因此通过市区和郊区的土地进行置换,有利于实现土地资源的有效重组,优化土地的利用结构,从而为社会创造更多的经济效益。城市土地最优利用结构,见图 4-5。图 4-5 中,a 代表商业服务业用地;b 代表住宅用地;c 代表工业用地。

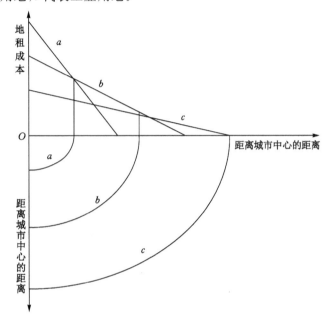

图 4-5 城市土地最优利用结构

4.3.1.2 矿区土地置换动力因素

矿区土地置换不仅能有效提高原矿业用地的利用效率,避免因土地闲置而造成的国土资源浪费,通过在原矿业用地范围内进行产业升级还有助于解决矿区及周边范围内下岗职工的再就业问题。因此,这些都将对矿区土地的置换起到积极的推动作用。矿区土地置换动力因素,见图 4-6。

(1) 国家逐步加大对闲置土地的监管和处罚力度

2007 年,国土资源部、财政部、中国人民银行联合颁布的《土地储备管理办法》规定,进一步加强及完善土地管理,完善土地储备制度,加强土地调控,规范土地市场运行,促进土地节约集约利用,提高建设用地保障能力。继 2007 年推出一系列土地调控手段之后,2008 年国务院下发了《国务院关于促进节约集约用地的通知》,强调严格执行闲置土地处置政策。土地闲置满两年、依法应当无偿收回的,坚决无偿收回,重新安排使用;不符合法定收回条件的,也应采取改变

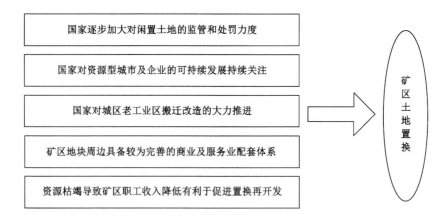

图 4-6　矿区土地置换动力因素

用途、等价置换、安排临时使用、纳入政府储备等途径及时处置、充分利用。这项政策的出台,将清理整顿闲置土地和从源头上增加土地供给作为政策调控的一个主要方向,其目标是提高建设用地利用效率,充分发挥市场配置土地资源的基础性作用,为土地在宏观经济调控中的角色进行定位。《国务院关于促进节约集约用地的通知》规定,将严格执行闲置土地处置政策,这对资源枯竭型矿区土地来说既是机遇又是挑战。

（2）国家对资源型城市及企业的可持续发展持续关注

2007 年 12 月 18 日《国务院关于促进资源型城市可持续发展的若干意见》出台并指出:对资源已经或濒临枯竭的城市和原中央所属矿业、森工企业,国家给予必要的资金和政策支持,帮助解决历史遗留问题,补偿社会保障、生态、人居环境和基础设施建设等方面的欠账。《国务院关于促进资源型城市可持续发展的若干意见》还提出了促进资源型城市可持续发展的工作目标,资源型城市的可持续发展再次受到高度关注。国务院常务会议提出了促进资源型城市可持续发展的五项措施,包括:① 建立资源开发补偿机制和衰竭产业援助机制;② 发展壮大接续替代产业;③ 着力解决困难群众生活问题;④ 加强环境整治、环保监管和生态保护;⑤ 加大政策支持力度。

这些涉及资源枯竭型矿区可持续发展的相关政策为矿区土地的集约利用、高效开发提供了政策基础,同时有利于煤炭企业对现有已经闲置的土地及因政策性将要关停并转的产业用地进行整合和开发,有利于解决煤炭企业转型发展和企业职工再就业问题。中央和地方政策的引导趋势都决定了资源枯竭型矿区土地的有效再开发将会得到国家及其所在城市、地区更多的关注,并能够争取到更为丰厚的优惠政策。

（3）国家对城区老工业区搬迁改造的大力推进

随着社会的不断发展,曾经为区域经济做出重大贡献的城区老工业区目前开始面临基础设施老化、落后产能集中、安全隐患突出、棚户区改造任务重、环境污染较为严重等众多问题。为科学实施城区老工业区搬迁改造,完善城市综合服务功能,提高城镇化发展水平,有效提高城区建设用地的使用效率和经济价值,国务院于2014年3月出台了《国务院办公厅关于推进城区老工业区搬迁改造的指导意见》。《国务院办公厅关于推进城区老工业区搬迁改造的指导意见》指出,根据搬迁企业的产业类型、发展方向等条件,引导企业向具备条件的经济技术开发区、高新技术产业开发区等园区搬迁,推动产业集聚发展。以提升城市服务功能为导向,充分利用腾退土地,重点发展现代服务业。

市郊范围内的资源枯竭型煤炭企业用地在一定程度上属于城区老工业区,因此在煤炭企业退出原有市区范围内闲置矿业用地,通过相关政策措施在工业园区或产业集聚区获取转型发展之用地的整体框架下,同样能够得到城区老工业区搬迁改造的相关优惠政策。

（4）矿区地块周边具备较为完善的商业及服务业配套体系

依据土地经济学原理,地块的市场价值除了依托于其所在城市的地理空间分布,还受制于地块的周边配套完整程度。周边配套主要包括地块周边商业业态、市政管网、电气、交通等基础设施、学校及医院等公共服务设施、风景名胜和文物古迹等自然历史遗迹等。一般地块周边商业业态丰富、市政基础设施完善、公共服务设施齐全、自然历史保护遗迹较少,其土地市场价值就越高,且抗干扰因素较少,有利于推动土地置换的进行。市郊范围内的矿业用地,由于其长期用于工业生产,矿区内已具备较为完整且独立的生产、生活配套设施,例如矿区内的学校、职工医院、通勤交通、体育馆等生活娱乐设施。矿区大量的职工及家属造就了密集的人流及强大的消费群体,从而也催生了餐饮、住宿、娱乐休闲等丰富多样的商业业态。因此,矿区地块周边较为完善的商业及服务业配套体系有利于推动矿区土地的置换。

（5）资源枯竭导致矿区职工收入降低有利于促进置换再开发

区域人均收入水平能够反映土地所在区域内居民一定的生活水平。区域人均收入数值越高说明当地城镇居民的生活水平越高,当地城镇居民对目前的生活满意度也越高。依据大众习惯安稳、担心改变以及对未来不确定性的恐惧心态,区域人均收入值越高,则说明当地居民抵触置换再开发建设的情绪就越高。反之,区域人均收入值越低,则说明当地居民生活水平较低,依据"穷则思变"的大众心理效应,则当地居民抵触土地置换再开发的情绪就越低,在某种程度反而会积极支持土地置换再开发建设的相关工作。矿区土地范围内的居民生存主要依赖于矿业生产工作,当由于资源枯竭或其他政策等原因而导致矿井关闭必将会对区域的人均收入水平产生极大不利影响。依据上述原理,人均收入值的降低在某种程度会推动矿区土地置换的实施。

4.3.1.3 矿区土地置换阻力因素

在矿区土地置换实施过程中,由于煤炭开采造成的环境破坏、矿井关闭导致的大量职工失业以及巨大的再开发成本等问题,必然对矿区土地的置换产生阻力。矿区土地置换阻力因素,见图4-7。

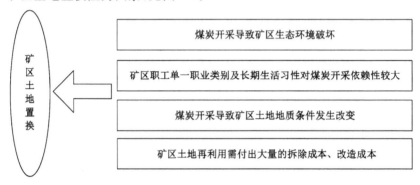

图 4-7 矿区土地置换阻力因素

(1)煤炭开采引起矿区生态环境污染和生态破坏

煤炭开采带来的环境污染和生态破坏问题日益突出,如煤矸石占地及风化污染、地表塌陷、矿井废水中未经处理外排对地面的污染及煤炭汽运产生的二次扬尘污染。

(2)矿区职工单一职业类别及长期生活习性对煤炭开采依赖性较大

区域居民质量是指,与置换土地有直接或间接利益关系的城镇居民人口密度、思想觉悟及文化程度相关的综合素质以及职业类别和生活习性等。区域人口密度决定着消费群体的程度,从而决定着区域经济的活跃度,进而影响到作为经济载体的土地市场热度。此外,更为重要的影响因子还包括区域人口综合素质及职业习性等。区域人口密度较大、综合素质较高、职业习性与置换土地的依赖度较小,则有利于推动土地的置换再开发;而区域人口密度较低、综合素质较低、职业习性对置换土地依赖性较高,则对土地的置换工作会产生一定的阻碍作用。

矿区居民大部分为曾经直接从事矿业作业的矿区职工及家属,人口密度相对较大。粗放式和劳动密集型的矿井作业模式对矿区职工要求相对较低,大部分矿区职工文化程度较低,综合素质相对不高。长期的煤炭开采,造就了矿区职工较为单一的职业类别,对矿区生产生存依赖度较大。因此,区域居民质量对矿业用地的置换工作易产生较大的现实阻力。

(3) 煤炭开采导致矿区土地地质条件发生改变

地块及周边地质条件主要指地基承载力、土壤污染度、土质盐碱化度等,其性能优劣直接影响未来地面建筑的安全性能及地基处理成本。由于长期从事煤炭资源开采,部分矿区由于地下充填及支护不及时或不到位,导致出现地面局部或大面积塌陷。目前,大面积采空区产生的塌陷主要发生在非工业广场区域。工业广场区域通过采取充填技术或避开建筑、铁路及水面等"三下压煤"资源,以达到工业广场区域的地质稳定。但由于长期的煤炭开采及洗选产生了大量固体废弃物,而这些固体废弃物的长期堆积可能会对局部土壤产生重金属污染。

同时,由于煤炭开采过程中需抽取大量地下水,而地下水的大量消耗最终加剧土壤的盐碱化。因此,资源枯竭型矿区土地的再利用受土壤污染、土壤盐碱化及局部地面塌陷导致的地基承载力不足的影响较大。

(4) 矿区土地再利用需付出大量的拆除、改造成本

地块的地形地貌直接影响着土地的市场价值,进而影响着土地交易的活跃度。地块的地形地貌主要指地块是否平整、坡度大小以及地块范围内现存的建筑设施情况。地块范围内地势平坦,坡度较小,地面及地下空间无须拆除的多余建筑及设施,其市场价值就比较高,土地交易较为活跃,土地置换的市场需求较强;相反,地势凹凸不平、坡度较大、地面及地下空间内尚有需要拆除的不可利用建筑设施较多的地块,其土地一级开发成本相对较高,导致再利用性较低,土地交易诉求较差,从而导致土地置换需求较弱。

市郊范围内的资源枯竭型矿区土地,由于曾经用于煤炭企业的地面生产运营,通过较长时间的经营改造其地势已较为平坦,地面平整度较高,无明显坡度差,但由于煤炭开采及洗选而存有大量地面及地下建筑及设施,包括洗煤厂、办公楼、职工单身宿舍、矸石热电厂以及地下巷道、硐室、通风井等。如若进行土地的重新利用开发必将导致大量的建筑被拆除,产生改造成本,这些不利因素无疑将会对矿区工业广场土地的置换带来不利影响。

4.3.2 置换处置方式

划拨类土地和授权经营类土地的置换虽然同属于国有企业土地处置的范畴,但资源枯竭型煤炭企业与一般老工业搬迁企业和破产企业在土地处置方面却存在一定的区别。首先,资源枯竭型煤炭企业之所以面临土地处置是因为资

源枯竭而非自身经营问题,而一般破产企业和老工业搬迁企业则是由于自身经营不善、难以继续或与城市规划不符需强制退出等原因;其次在处置方式和处置标准方面,资源枯竭型煤炭企业由于其"独立工矿、因矿成城"的自身特性为矿区土地的增值创造了巨大贡献,因而其享受增值利益共享和国家给予资源枯竭型企业转型发展的产业扶持政策,在土地置换过程中宜按照"等价土地置换"方式。而一般破产企业则采取破产清算的方式,由政府依法对原使用土地进行收储再出让并支付职工安置相关费用,一般老工业搬迁企业则依照"退城入园、规模不变、异地生产"的原则,采取"等量土地置换"的方式。[41]资源枯竭型企业与一般工业搬迁及破产企业土地处置对比,见表 4-3。

表 4-3 资源枯竭型企业与一般工业搬迁及破产企业土地处置对比

企业类别	原因	处置方式	处置标准	备注
一般破产企业	经营不善、难以继续	破产清算	收储补偿	支付职工安置
一般老工业搬迁企业	与城市规划不符	退城入园	等量土地置换	产业不变、异地继续生产
资源枯竭型煤炭企业	资源枯竭,非自身经营问题	转型发展	等价土地置换	享受利益共享、产业扶持

4.3.3 置换可行性分析

4.3.3.1 政府有权对闲置矿业用地进行依法收储

通过国家无偿划拨方式取得的矿业用地,虽然在资产处置方面存在诸多限制,但土地置换属于政府对已经闲置的原矿业用地依法收储并考虑到资源枯竭型企业转型发展而给予其继续生存发展土地的一种收储补偿行为。针对煤炭企业由于资源枯竭而面临的划拨土地资产处置,目前尚无明确的法律依据,但依据《最高人民法院关于破产企业国有划拨土地使用权应否列入破产财产等问题的批复》的相关规定:"破产企业以划拨方式取得的国有土地使用权不属于破产财产,在企业破产时,有关人民政府可以予以收回,并依法处置。"依据《土地管理法》和《城镇国有土地使用权出让和转让暂行条例》的相关规定,无偿取得划拨土地使用权的单位因迁移、撤销、破产或其他原因而停止使用土地的,市、县人民政府应无偿收回并可依规定进行出让。因此,煤炭企业由于资源枯竭或政策性关闭而停产需另迁他地进行转型再发展,符合上诉相关规定,政府亦可依法进行原矿业用地的收储,但需对煤炭企业进行合理补偿。[42]

4.3.3.2 土地置换过程符合法律规程

虽然煤炭企业对于国家无偿划拨类土地和授权经营类土地不具备处置权利,但在整个矿区土地置换过程中政府一直处于主导地位,煤炭企业则处于辅助、协助地位,其主要任务是配合政府依法履行土地和资金的支付。同时,在整个置换过程中矿区土地的收回和出让两条线、土地使用权出让金的收入和支出完全由政府依法行使和完成。

4.3.3.3 政府以出让金返还方式补偿煤炭企业具备法律依据

按照《城市房地产管理法》的相关规定,以划拨方式取得土地使用权的,转让方在转让房地产时须报有批准权的人民政府审批,审批通过的由受让方办理土地使用权出让手续并依法缴纳土地使用权出让金。从法律层面上看,我国划拨类土地的转让收益应依法上缴政府并由政府负责支配,但法律同时还规定"收益也可由政府做其他处理"。因此,这也为在矿区土地置换过程中政府把原矿业用地出让金以资源枯竭型煤炭企业转型再发展政策扶持名义转让予煤炭企业用于购买再发展土地的行为提供了法律依据。

4.4 资源枯竭型矿区土地置换博弈过程

4.4.1 主体利益博弈分析

4.4.1.1 置换主体利益博弈分析

(1)置换主体行为策略博弈模型构建

在矿区土地置换过程中,政府是置换工作的推动者,煤炭企业是置换工作的发起者。由于煤炭资源枯竭导致原来的采矿用地面临闲置,煤炭企业积极响应"破产、落后老工业企业退出城中位置优越工业用地,留作具有更高经济价值的商服用地,按照产业集聚导向,转而向城郊的工业园区发展"的国家集约用地号召,主动向政府提出土地置换申请。在申请过程中,煤炭企业(M)通过分析政府提出的各项优惠举措采取的行动策略有{进行置换,不进行置换};政府(G)根据对煤炭企业的综合考评对应采取的行动策略包括{支持土地置换,不支持土地置换}。若在政府支持置换、煤炭企业积极进行置换的基础上,煤炭企业可以依法选择科学合理的置换标准进行公平合理置换,也可以凭借目前土地置换标准存在的缺陷以实现自我利益最大化的不科学置换,因此煤炭企业有两种行动策略{科学置换,不科学置换}。出于国家公共利益的考虑,政府为了保证国土资源的科学、公平、合理利用,且为了避免国有资产的流失,同时也考虑到有些政府部门的作为和不作为因素,在针对煤炭企业进行土地置换过程中将会出现{监督置换,不监督置换}两种策略。矿区土地置换行为策略博弈模型,见图4-8。

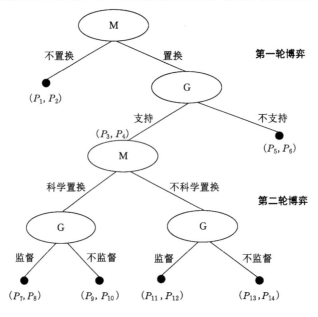

图4-8 矿区土地置换行为策略博弈模型

(2)置换主体第一轮博弈分析

假设在政府支持条件下,煤炭企业采取置换策略给企业带来的利益为U_1,政府得到的利益为W_1;在政府不予支持的条件下,煤炭企业采取置换带来的利益为U_2,政府得到的利益为W_2;在整个置换过程中,采取置换对煤炭企业相关资产产生的损失(包括工业遗迹、地面建筑设施等)为X。而在煤炭企业不采取置换的条件下,双方均无利益来源。因此,构建政府与煤炭企业的利益关系博弈模型支付向量集$\boldsymbol{P}=\{P_1,P_2,P_3,P_4,P_5,P_6\}$。政府与煤炭企业第一轮利益博弈,见表4-4。

表4-4 政府与煤炭企业第一轮利益博弈

政府	煤炭企业	
	进行置换	不进行置换
支持置换	(W_1,U_1-X)	$(0,0)$
不支持置换	(W_2,U_2-X)	$(0,0)$

在此模型中,若政府不支持煤炭企业发起的土地置换,则煤炭企业在土地置换过程中将面临一定的阻力,进而对煤炭企业的利益产生不利影响,因此 U_2 将小于 U_1,同时由于政府的不支持可能产生额外增加的费用导致政府在煤炭企业中的声誉受到一定程度的折扣,政府的利益也将受损,W_2 也将小于 W_1。因此,总利益会出现:

$$W_1 + U_1 - X > W_2 + U_2 - X > 0 \qquad (4-27)$$

在以上情况下,作为理性的行为主体必会选择利益最大化策略方式,即政府支持煤炭企业进行土地置换,煤炭企业也积极进行土地置换,从而保证政府和煤炭企业实现利益的"双赢"。

(3)置换主体第二轮博弈分析

假设煤炭企业在科学置换条件下获得的利益为 U_3,在不科学置换条件下获得的利益为 U_4,政府所获得的利益分别对应为 W_3、W_4,由于采取监督政府需付出的成本为 C,在煤炭企业进行不科学置换时导致国有资产流失额为 G,由于政府的及时监督对煤炭企业的不科学置换采取的惩罚为 F。因此,在此构建政府与煤炭企业的第二轮博弈模型支付向量集 $\boldsymbol{P} = \{P_7, P_8, P_9, P_{10}, P_{11}, P_{12}, P_{13}, P_{14}\}$。政府与煤炭企业第二轮利益博弈,见表4-5。

表4-5　政府与煤炭企业第二轮利益博弈

政府	煤炭企业	
	科学置换	不科学置换
监督置换	$(W_3 - C, U_3 - X)$	$(W_4 - C - G, U_4 - X - F)$
不监督置换	$(W_3, U_3 - X)$	$(W_4 - G, U_4 - X)$

煤炭企业由于利用了目前土地置换标准中的缺陷和漏洞,从而满足了自己的私欲,因此 $U_4 > U_3$,但其不科学的置换将导致国有资产的流失,影响政府利益,故 $W_4 < W_3$。当政府对于煤炭企业土地置换采取不监督策略时,而煤炭企业依然采取科学置换,为最佳理想状态,同时也为总体利益的最大化状态,但现实发生概率较小,也浪费了职责所在的政府监督资源。若煤炭企业终究无法抵抗利益诱惑而趁机采取了不科学、不合理的置换,在此情况下政府虽然节省了监督成本,但由于自己的监督失职导致国有资产的流失,从而损害了自身的利益。

因而可得出以下结论:为了实现国家利益的最大化,面对煤炭企业的土地置换行为,有作为的理性政府应予以监督。

由于在政府的有效监督之下,煤炭企业的不科学置换需付出一定的惩罚成本,同时自己的不当所得也需上缴政府,因此,最终将会出现 $U_4 - X - F < U_3 - X$。

因此：

$$W_3 - C + U_3 - X > W_4 - C - G + U_4 - X - F \qquad (4\text{-}28)$$

因而得出结论：在政府监督置换条件下，煤炭企业采取科学、合理的土地置换模式有利于实现政府和企业的总体利益最大化。

4.4.1.2 矿区土地置换利益均衡分析

作为主要利益主体的政府和煤炭企业，二者在矿区土地置换过程中作为独立的法人实体而存在，都期望通过盘活即将闲置的矿区土地实现自己利益的最大化。在矿区土地置换过程中通过采用"同区域、同性质、同政府、同价格"的置换模式，政府和煤炭企业除获得了直接经济利益还得到了一定的社会利益。

（1）政府利益

在矿区土地置换过程中，政府得到的利益主要体现在以下几个方面：

① 通过土地出让获得直接土地增值受益

在置换过程中，政府得到的直接土地增值收益为矿区土地在土地市场的公开出让价格与按照修正基准地价对土地的评估价格及收储成本之差额。

② 获得矿区土地再开发后开发运营商缴纳的税费

矿区土地经过市场公开出让并经开发商进行土地二级开发后，政府可获得开发商不动产销售税金及所得税金等其他税费。同时，在不动产后期运营过程中政府仍可持续性地获得生产运营的相关税收。

③ 获得开发区土地出让金及煤炭企业转型后缴纳税费

虽然政府在土地置换过程中将部分土地出让金按照修正基准地价评估后价格返还于煤炭企业，但煤炭企业在通过有偿方式获得工业园区土地时又以缴纳土地出让金的形式上缴政府。此外，在煤炭企业转型发展之后还需按照相关税收政策依法缴纳生产运营相关税费。

④ 盘活闲置土地并满足城市发展需要

在矿区土地置换过程中，政府除了获得以上直接经济利益外，还获得了一定的社会效益。通过对矿区土地进行置换和功能再造，不但盘活了即将闲置的矿业用地，提高了城市土地的利用价值和效率，同时还满足了最新城市发展规划的要求。

⑤ 提高了土地利用效率并增加了就业机会

在矿区土地置换过程中，一个主要的社会利益表现为通过土地置换对原矿业用地进行再开发利用，从而推动了新一轮产业的升级发展，有助于增加矿区职工及周边人群再就业的机会。

（2）煤炭企业利益

① 无偿获得等价值的转型再发展生存土地

由于资源枯竭原本煤炭企业即将面临破产倒闭局面，而通过土地置换煤炭企业在未付出任何经济代价的条件下便获得市场等价值的转型再发展的宝贵资源——土地，从而实现了其持续发展的目标。

② 实现原有划拨或授权经营土地向出让土地转变

土地置换之前，煤炭企业使用土地为国家无偿划拨和授权经营类土地，不具备土地的完整产权，更不能将土地列入企业资产进行相关抵押、融资；土地置换后，煤炭企业通过有偿出让方式依法获得一定年限的工业园区土地，并具备完整的土地产权，可以依法进行自由处置和抵押融资。

③ 解决矿区职工再就业沉重包袱

大量的矿区下岗职工再就业问题成了资源枯竭型煤炭企业难以卸去的沉重包袱，而通过土地置换煤炭企业得到了转型再发展的土地，从而有效解决了其职工再就业的难题。

由于土地制度本身的原因及矿区土地置换的特性，最终各方在置换过程中利益分配不尽相同，但均实现了经济利益和社会利益的双赢，同时政府和煤炭企业在利益分配过程中也达到了相对均衡。矿区土地置换利益均衡示意，见图4-9。

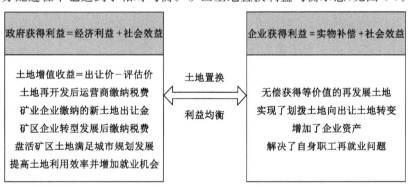

图 4-9　矿区土地置换利益均衡示意

4.4.2　置换模式分析

矿区土地置换实质为对矿区土地进行功能再造及优化配置，以实现城市和煤炭企业的协同、可持续发展。如若土地置换不能促进置换双方利益主体社会效益和经济效益的提升，亦无法减弱因矿区土地置换引发的其他利益主体及外部负面影响,则土地置换将失去其意义。土地置换的有偿性也决定了在土地置换过程中必然存在利益的博弈,其最核心问题则为置换主体利益的识别和分配。本部分内容以实现置换双方利益均衡为根本出发点,在对比分析现有土地置换模式的基础上,构建出适合矿区土地的科学、合理、公平的置换模式,以实现置换过程中各方利益的最大化。

4.4.2.1 现行土地置换模式分析

按照国家提出的"占一补一、占补平衡,坚守国家耕地保护红线,实现建设用地与基本农田的统筹管理"等基本土地政策,在既能满足基本生存需要又不影响建设发展的整体框架下,目前土地置换模式主要涉及地理区位、土地性质、置换主体、置换意愿等方面。

(1)地理区位角度

从地理区位角度来划分,土地置换具体可分为同区地块的置换和异区地块的置换两种模式。

① 同区置换

同区置换是指在同一区域范围内两宗相同属性(建设用地与建设用地、农用地与农用地)的土地间按照一定标准和原则进行互换的过程,或者指在土地利用总体规划划定的建设用地区范围内不同属性的两宗土地按照"占补平衡"原则,将甲地的建设用地复垦为农用地,同时在乙地占用等质等量的农用地进行非农建设,具体包括零星村庄向中心村、集镇集中、乡镇建设用地向城市集中以及城区工业项目向工业集聚区集中等情形。

退二进三、退城入园模式(特殊的同区置换模式):指在级差地租理论的调节下,占据城市中黄金地段但经济效益低下、环境污染较重的工业项目逐步退出城区,改由经济效益较高、环境污染较轻的第三产业进驻。退出的工业项目向土地成本和环保要求较低的城郊或远离城区的工业集聚区选址落户进行扩大再生产,从而获取两宗土地间的地租差额。通过采取"退二进城、退城入园"这一特殊同区置换模式,使第二产业项目和第三产业项目各自得到了适宜自身发展的最佳位置,有利于实现城镇土地利用经济效益的最大化。目前在国有企业改制、老工业企业搬迁的过程中,通过此种模式获得了大量启动资金,同时也为偿还债务、兑现职工工资、置换职工身份、扩大企业再生产创造了条件。

② 异区置换

异区置换是指在不同区域内的两宗相同属性的土地按照一定标准和原则进行的异地互换以实现资源的有效配置,或者指按照"占补平衡"的原则将土地利用总体规划确定的农用地区域内的建设用地(甲地块)复垦成农用地,在另一规划建设用地区域范围内占用等质等量的农用地(乙地块)进行非农建设。通常情况,这两个地块隶属于不同区域,且属于两个集体经济组织或分属于两个土地使用者。土地置换过程中,一般采用"推磨、递进"的形式首先将甲地块复垦为农用地,并沿着推磨线路,与相邻的集体经济组织或土地使用者进行等质、等量的土地调换,以此类推,直至调整到乙地块的位置。通过与集体经济组织或中间土地使用者土地的等量调换,从而在耕地面积指标不减的条件下满足置换双方的各自发展需求。

同区置换相比较于异区置换更强调于同一城镇范围内的不同土地优化调整,无须像异地置换采取"推磨"形式进行更迭置换,而仅仅涉及被置换的两块土地,在操作实施过程中简单易行。同时,同区置换突出"退二进三"、产业集聚理念,更适用于老工业基地、城镇范围内工矿用地的搬迁安置。

(2)土地性质角度

土地性质角度置换是指通过土地功能布局的调整、土地整理等过程和行为,使不同性质之间的土地进行交换配置的情况。土地性质角度置换主要包括国有土地与集体土地之间的置换、不同国有土地之间的置换以及不同集体土地之间的置换。

我国现行的土地所有制为社会主义土地公有制,包括全民所有制和劳动群众集体所有制两种形式。其中,城市(含建制镇、独立工矿区)建成区范围内的土地全部属于国家所有;农村和城市郊区的土地,除由法律规定属于国家所有的以外,均属于农民集体所有。

我国现行的土地使用制度包括城镇国有土地使用制度和农村集体土地使用制度。城镇国有土地使用制度的特点是坚持城镇土地的国家所有制,在土地公有制的基础上实行土地所有权和使用权的分离,实行土地有偿使用并将土地使用权作为商品纳入市场经济轨道,通过市场优化土地资源配置,并使土地所有权在经济上得以实现。农村集体土地使用制度的特点为,土地属农民集体所有,农民集体所有的土地由本集体经济组织的成员承包经营,也可以由本集体经济组织以外的单位或个人承包经营,从事种植业、林业、畜牧业、渔业等生产。

由上述城镇国有土地和农民集体所有土地二者的使用特点可知,同类型土地之间的置换比较容易,但城镇国有土地与农民集体土地之间的置换存在一定的壁垒。但基于我国的土地共有制度,目前可行的操作流程为政府可通过对农民集体土地进行依法征收,使之变为国有土地,从而进入国有土地的流转和储备市场,再进行与国有土地的置换。

但值得注意的是,国家出于对农民集体所有土地中的基本农田保护,对我国耕地面积指标进行了强制规定,在不减少基本耕地面积指标的基础上,必须按照

"占一补一、占补平衡"的原则进行国有建设用地与农业用地的置换。其基本操作流程为将需要置换的原有建设用地复垦为耕地,并经市人民政府土地、农业行政主管部门验收合格后,由市土地管理部门下达折抵建设用地指标,进而获得同等面积的耕地进行非农业建设。

我国现行土地使用制度,见图 4-10。

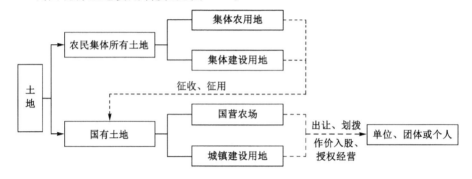

图 4 10 我国现行土地使用制度

(3)置换主体角度

① 企业与企业之间的土地置换

企业与企业之间的土地置换是一种最为直接、快速、简单的置换方式,符合一般商品交易的基本原则。通过自由、公平、合理的土地置换,置换双方均能够获得彼此发展需求的土地资源,有利于土地资产进行重新配置,提高土地的利用价值。企业与企业间实现自有土地置换的根本条件是,满足双方使用的土地应具备相关土地处置权能,并能够严格按照相关法定程序进行依法交易。此外,由于企业与企业间土地置换不经过公开市场,因此其置换过程缺乏一定的透明度,且置换标准较难确定,而仅仅是通过置换满足了双方彼此的现实发展需要,从土地的使用效率及潜力发挥方面看,未起到积极的推动作用。

② 企业与政府之间的土地置换

企业与企业之间的土地置换属于土地二级市场的交易,在某种程度上无法最大价值地体现土地的资产价值,而只是仅仅满足了置换双方的发展之需。其实,企业还可以跨越土地的二级市场直接参与到与政府进行土地置换的一级市场活动中。为了彼此发展需要,企业可主动选择与政府进行土地置换,同样,政府也可选择与企业进行土地置换。倘若政府参与了土地的置换,则处于二级交易市场的土地可通过置换而重新进入土地一级市场进行公开自由交易。由于我国目前的土地一级市场处于垄断竞争状态,该土地置换模式更有利于实现土地资产价值的最大化。比如现有 A 企业某闲置地块,市场评估值为 10 万元,其若同 B 企业某价值量相等的地块进行置换交易,则置换后土地价值未发生根本变化,仍为市场估值的 10 万元,但企业双方均满足了彼此发展的需要;若 A 企业选择与政府进行该地块的置换,置换后该地块由政府依法收回储备并将其纳入土地的一级市场进行公开出让,通过招拍挂后其最终出让价值可能远远超过市场评估值的 10 万元。因此,企业通过选择与政府进行置换能够更大限度地发挥出土地的市场价值。

企业与企业置换无须经过第三方,简单、直接、目的性强,但置换过程中缺乏公开透明度,未在土地市场进行交易,不利于土地市场价值的最大限度发挥。企业与政府置换,其操作过程较为烦琐,土地置换周期较长,但通过政府对置换土地的重新收储再进行市场化公开出让,有利于实现土地的最优化开发和最大化效益。

（4）置换意愿角度

在现代城镇化进程中还存在着这样两种土地置换类型,即基于企业意愿度的主动置换和被动置换。其中,主动置换为企业根据自身的发展需要以及所在地的区位条件、扩张空间、基础设施和环境气候等外部环境做出的整体或部分的空间区位调整;被动置换为由于政府规划或相关政策的调整而导致企业进行的强制区位调整和易地搬迁。主动置换和被动置换二者无论在置换动因、置换形式、置换距离以及置换补贴等方面都存在很大差异。被动置换是出于政府对环境保护、城市形象、城市产业发展布局等角度进行的规划调整,因而具有强制性,企业在土地置换过程中处于被动地位。同时,被动置换是由政府主导的,企业被置换地也受迁入地政府所决定或限定,所以一般为同区域内短距离置换,主要以从城市中心向城市郊区或新区、开发区搬迁为主。此外,被动置换相比主动置换大部分为企业整体搬迁,甚至包括职工、职工家属及辅助设施的强制搬迁。由于被动置换中政府的强制主导在一定程度损害了企业利益,而且大部分为国有控股企业,因此迁出地政府一般会对置换企业给予一定迁入地土地政策优惠和搬迁补偿等。企业主动置换与被动置换对比,见表 4-6。

表 4-6　企业主动置换与被动置换对比

类别	主动置换	被动置换
置换动因	企业发展、市场环境、政府政策	政府规划调整
置换形式	整体搬迁或部分搬迁	以整体搬迁为主
空间距离	区域内或区域外	区域内短距离为主
置换补贴	迁入地政府	迁出地政府

针对煤炭企业来说,由于资源枯竭或政策性停产而导致即将闲置的城镇规划范围内矿区土地已不再符合原用地规划,煤炭企业为实现可持续发展不得已而进行产业转型,整体退出原矿业用地而进行区域内的异地再发展。因此,从置换意愿度角度分析,资源枯竭型矿区土地置换属于煤炭企业的被动置换模式,其符合被动置换的一般性特征,同时享受迁出地政府的相关土地政策优惠及置换补偿。

4.4.2.2 矿区土地置换模式选择

由于本书所涉及的矿区土地置换主体利益为政府和煤炭企业,属于企业与政府置换范畴,其土地置换不属于企业资产处置而归属于政府对国有划拨土地或授权经营土地的一种依法收储行为。同时,在同一区域内进行置换有利于政府的资源优化配置并降低置换成本,与同性质土地置换无须考虑"占补平衡"而引起的土地复垦及政府审批等烦琐程序,按照等价方式更能体现出置换的公平性。因此,通过对现行土地置换模式的对比分析,在矿区土地置换过程中应优先选择"同区域、同性质、同政府、同价格"的土地置换模式。矿区土地置换模式选择,见图 4-11。

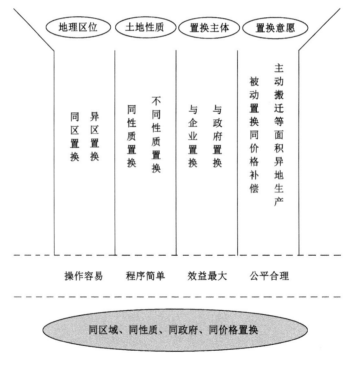

图 4-11 矿区土地置换模式选择

要保证矿区土地的置换符合现行法律规程,须由政府先行无偿收回其原划拨的采矿用地使用权;然后再由政府对收回的原矿业用地进行市场公开出让,再将土地的部分出让金以扶持资源枯竭型企业转型发展的名义补贴予煤炭企业。在此过程中,政府需对该部分的补贴性质进行明确说明,因为我国土地属于全民所有,其土地出让所得也应归属于全体民众,而政府不能随意进行调配使用。因此,矿区土地的置换从本质上说,其属于国家财政拨款的一种间接形式,是国家公共财政对资源枯竭型煤炭企业给予的一种特殊补贴。所以,在矿区土地的置换过程中务必坚持土地的收回和出让两条线、出让金的收入和支出两条线,并且要保证原矿业用地的出让依法公开进行,其出让收入须全额缴入地方国库并由地方财政管理,将土地出让金补贴予煤炭企业必须纳入地方政府的财政预算之中,从而保证土地置换工作的合理化、合法化。

置换前煤炭企业拥有原矿业用地的依法使用权,土地使用类型为国家划拨和授权经营;地方政府拥有工业园区的土地出让权利。按照"等价置换、同用途置换、退城入园、产业集聚"原则进行置换后,地方政府依法对原矿业用地 A 收储并在土地交易市场公开出让,将部分土地出让金按照修正的基准地价评估价格通过优惠政策以返还金的形式返还于煤炭企业,煤炭企业再将该部分资金用于支付工业园区土地 B 的有偿出让金,从而完成煤炭企业的原划拨和授权经营类矿业用地向有偿出让的工业园区土地的产权变更和置换。矿区土地置换模式及产权变更示意,见图 4-12。

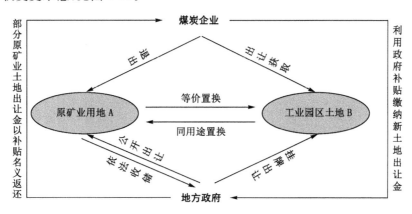

图 4-12　矿区土地置换模式及产权变更示意

5　资源枯竭型矿区土地再利用现状与动因分析

5.1　资源枯竭型矿区土地再利用现状与问题

5.1.1　矿区土地再利用现状

矿区土地的再利用不同于其他土地开发的特征,在于煤炭企业的社会贡献度。在计划经济体制下,多数资源型城市发展依赖煤炭企业矿区土地的开发建设。在城市建设初期,煤炭企业投入大量的人力、物力、财力用于城市基础设施建设,创造了城市土地增值效益。为此,随着资源逐渐枯竭,在矿区土地再利用的过程中,煤炭企业和地方政府之间权属关系的复杂性使得矿区土地再利用存在以下几种情况。

5.1.1.1　土地权属不明,产权主体多元化

土地开发首先需对土地权属、土地性质进行明确界定。然而,矿区土地开发受土地利用制度变化的影响,矿区土地性质呈现多样性。《土地管理法》规定,城市土地所有权由国家拥有,由地方政府代理。地方政府将土地依据市场需求划拨或授权经营给煤炭企业,煤炭企业仅拥有土地使用权。然而,土地资源占有权、支配权、处置权、使用权和收益权等权能的边界比较模糊。[43]同时,伴随矿区建设发展,配套服务设施建设中存在多个投资主体,导致地表建筑物产权主体存在多元化。

5.1.1.2　土地产权主体责、权、利不统一

国有煤炭企业是由单纯的国家投资企业逐渐演化而来的多元化投资企业,履行双重职能,除拥有一般企业的生产经营组织外,还具备社会服务功能,属于典型的“大企业,小社会”。机制体制障碍成为大型资源型企业可持续发展中不协调的音符,导致矿区土地再利用公共部分产权主体责、权、利不统一,土地使用权与所有权之间边界不清晰。

5.1.1.3　矿区土地开发价值增值潜力较大

矿区土地是带动周边地块发展的核心区域。在矿区土地开发过程中,资本、

技术、管理和政策等资源的有限性决定了矿区土地开发以点带面的这一发展模式,使得矿区土地再利用在政策、资金、管理、产业结构、区位等方面具有优势地位。矿区土地作为城市产业调整的转折点,是城市改造开发的重点区域,也是城市产业结构调整的重点区域,还是改善城市环境、提高城市土地经济效益的突破。

5.1.1.4 矿区土地开发用途变更代价较大

在计划经济体制下,矿区土地以划拨或授权经营用地为主。同时,土地利用主要以服务资源开采、加工等厂房建设的工业用地为主。随着资源枯竭,区域内大部分用地成为低效使用土地,经济价值低。从经济学分析,只有当其作为新开发土地价格增加在达到扣除成本后仍高于目前土地价格时,土地再利用才可能实现。按照国家相关土地管理办法,若煤炭企业自行开发,土地改变用途,则企业必须交付土地出让金和用途变更费用;若政府主导开发,则政府需对矿区土地进行整理储备并补偿原煤炭企业土地上的附着物,亦需投入大量资金。因此,无论采取哪种方式,矿区土地再利用均存在因用途变更而需付出大量成本代价的问题。

5.1.2 矿区土地再利用问题

5.1.2.1 矿区土地闲置,利用效率低下

由于矿产资源是不可再生资源,在能源消费中具有一次性的特点,并不是"取之不尽、用之不竭"的。煤炭的固有属性决定了煤炭资源的有限性。对于已经界定井田范围的煤矿和矿区来说,资源越采越少,每个矿区在其正常开采条件下都有一定的服务年限。[44-46]根据国家发改委"资源型城市经济结构转型"课题组的统计结果,我国20世纪中期建设的国有矿山中有2/3已进入"老年期",440座矿山即将闭坑,390座矿城中有50座矿城资源枯竭,未来10年将是中国矿山闭矿高峰期;同时《全国资源型城市可持续发展规划(2013—2020年)》显示,262个资源型城市中已有23个城市进入再生发展阶段,但是仍有67个为衰退型城市。

资源枯竭导致矿井废弃,将产生大量废弃地,如煤矸石压占地、采空区、沉陷区等。由于煤炭企业的土地资源意识淡薄,缺乏对矿区废弃土地的利用。随着我国工业化进程的加快,矿业用地增长较快,我国城镇和工矿用地总面积已达10万 km^2,其中工矿用地面积达到4.3万 km^2,其中近70%集中在中西部和东北地区。

矿区的区位是由矿产资源的赋存位置所决定的,这导致了具有独立特性的矿业用地分布的随意性。例如,我国有近15%的煤矿工业广场用地位于城镇近

郊或市区范围内。近几年煤炭企业大力提倡发展煤炭主业之外的其他产业,但基于风险规避及产业链延伸角度,大部分煤炭企业所下属的其他产业仍然依附于煤炭主业。例如,包括煤化工、电力、矸石建材、煤炭物流等煤炭产业链下游产业均为工业用地,仍然分布于城市规划范围内。一旦煤炭资源枯竭或其他原因导致矿井关闭,必将引起位于城镇规划范围内包括煤炭企业其他产业在内的矿业用地面临闲置。在城镇建设用地弥足珍贵的今天,研究此类煤炭企业的下游产业所占用的土地该何去何从具有实践价值。

5.1.2.2　不符合城市规划,限制城市发展

矿业生产项目、工业广场用地及其附属设施用地,大部分是作为城镇规划区外单独选址的工矿用地,而目前由于土地利用总体规划和矿产资源规划存在不衔接因素,致使矿业用地在土地利用总体规划中普遍没有体现。同时,在煤炭开采之初,利益相关者过分追求资源的快速获取,而未考虑或未充分考虑矿业用地对当时及未来城市规划体系的影响,使矿业用地作为一个独立个体而存在于城镇规划范围内。一些矿井随着资源枯竭或政策性关闭之后,原矿业用地与城市规划不符的弊端逐渐显现出来,在很大程度上限制了城市的发展。

5.1.2.3　社区改造复杂,剥离困难重重

傍矿而生、依矿而建的矿区城市发展脉络,催生了以先生产后生活为主的城市发展方式,伴随着矿区人们生活的展开,与生活相关的土地之上的相关设施如"煤矿社区""基础设施"等后期剥离改造困难重重。

煤矿社区遗留下来的供水、供电、供气等基础设施问题一直是煤炭企业转型发展的包袱。煤矿社区居民多以煤矿相关产业工人为主,这些群体往往相对较弱势,缺少话语权。因此在煤矿社区基础设施改造中,地方政府应利用公共权力采取切实措施来保护弱势群体的利益。应通过政府的介入来解决困难群众的基本生活问题,让弱势群体能共享改革开放、社会发展带来的成果,减少各阶层的利益冲突和矛盾。

在计划经济年代里,拥有医院、学校、食堂等设施的独立工人村大院是工人身份的象征和荣誉,但是在经历了半个多世纪的社会变革和发展后,工人村的现状堪忧,剥落的外墙与老化的内部设施,加之配套的基础设施缺乏,居住环境一直无法得到改善,煤矿社区逐渐衰落成现在的棚户区。

5.2　资源枯竭型矿区土地再利用动因分析

资源枯竭型矿区土地再利用是一个复杂系统,它涉及参与主体、开发模式、

利用方向、利益诉求、冲突成因、协调机制等多个方面。尤其是在资源枯竭型矿区土地再利用主体方面，煤炭企业作为矿区土地原产权人，大部分是资源型城市的龙头企业，对城市经济建设具有带头作用。同时，为服务资源开采、加工以及企业承担的社会职能，矿区占据着城市大面积的生产、生活用地。城郊资源枯竭型矿区土地是城市存量土地挖潜主要来源，且具备较高的土地再利用开发价值。为此，从土地经济学理论和煤炭企业社会责任两个视角对资源枯竭型矿区土地再利用潜在价值进行分析具有现实意义。

5.2.1 区域经济发展拉动

"缘矿而建"是矿业城市的主要特征，对自然资源的高度依赖性，使城市经济发展呈现周期性，产业维度呈现"两头小，中间大"的"菱"形结构，即第二产业占据城市经济核心地位，其中矿业经济占主导地位，是城市主要财税来源。矿区占据着城市大量资源，如自然资源、社会资源、土地资源等，是城市发展的最集中区域。

增长极理论可用于解释和预测区域经济的结构和布局，由法国经济学家佩鲁最早提出。在此基础上，以法国经济学家布代维尔为代表的学者，融合区域经济理论研究构建了区域增长极理论，即区域经济发展依赖于自然条件较好的少数地区和经济发展卓越的少数产业，将其培育成经济增长极，以乘数效应带动关联产业增长，创造集聚效益。增长极的特征表现为极化效应和扩散效应，由政策、资金、技术、人才等生产要素决定，随着增长极建设，区域经济会呈现"极化效应→扩散效应→另一极化效应"的转变过程。由此可见，随着资源型城市城镇化推进，产业结构调整，资源枯竭型矿区土地再利用是城市经济"增长极"的选择之一。矿区土地增长极理论，见图5-1。

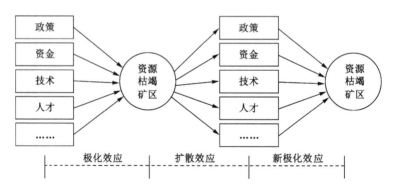

图5-1　矿区土地增长极理论

依据增长极效应特征,在资源枯竭型矿区土地再利用过程中,建设初期,政府应积极发挥统筹规划和调动资源的作用,充分发挥生产要素极化效应,控制生产要素扩散效应,避免有效资源外流影响矿区土地再利用;发展期,政府应采取鼓励政策,促进吸收外界生产要素,强化生产要素扩散效应,扩大矿区土地再利用新形象。

5.2.2 矿区土地增值驱动

地价是影响土地开发投资者决策的重要指标。影响地价形成的主要因素为土地区位和土地原开发利用带来的级差地租。美国经济学家阿隆索运用新古典主义经济理论诠释了区位、地租和土地开发利用之间的关系,引入区位边际均衡和区位边际收益等空间经济学理论,建立了竞标地租理论。该理论指出,土地使用者在不同预算约束下,同一区位经济评价不一致。竞标地租与城中距离的关系,见图 5-2。图 5-2 中,a 表示中心商业区,b 表示工业区,c 表示住宅区,d 表示城市边缘区,e 表示农业区。

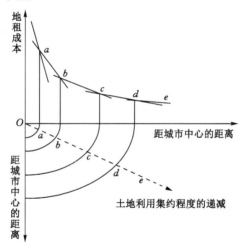

图 5-2　竞标地租与城中距离关系

此外,煤炭企业在利用土地进行矿产资源生产经营的过程中会使矿区土地产生级差地租。根据级差理论,级差地租是指等量资本投资于等面积不同等级的土地上所产生利润的不同,使地租支付存在差别。

煤炭企业在矿区建设和生产经营的过程中会对土地增值带来以下影响:① 由区位优势而结余的运输成本转化而成的级差地租Ⅰ;② 由矿区内部建设完善引起的投资性收益和周边基础设施建设投资性收益转化而成的级差地

租Ⅱ;③ 同一区域不同用地功能产生的差异性收益。

综上所述,矿区土地地价与一般园区地价的区别在于,矿区土地地价由两部分组成,即由矿区土地区位决定的基准地价和由煤炭企业前期用于矿区土地开发建设及周边基础设施投资形成的土地增值。土地增值的存在,激励着煤炭企业对矿区土地进行积极开发。

5.2.3 外部性的刺激牵动

外部性是指一个经济主体(个人或厂商)的行为对其他经济主体福利产生影响,但后者并未因此而承担成本或获得补偿的情形。外部效应指某经济主体的福利函数的自变量中包含了他人的行为,而该经济主体又没有向他人提供报酬或索取补偿,即:

$$F_j = F_j(X_{1j}, X_{2j}, \cdots, X_{nj}, X_{mk}) \tag{5-1}$$

式(5-1)中 $j \neq k$,j 和 k 指不同的个人(或厂商),F_j 表示 j 的福利函数,X_i($i=1,2\cdots n,m$)指经济活动。式(5-1)表明:只要某个经济主体 F_j 的福利受到他自己所控制的经济活动 X_j 的影响外,同时也受到另外一个主体 k 所控制的某一经济活动 X_m 的影响,就存在外部效应。设 PMC 为个人边际成本,SMC 为社会边际成本,$P0$ 为某个既定的市场价格,D 为需求,MR 为边际效益,Q 为产品数量。若 $F_j > 0$,即 $PMC > SMC$,则为正外部性(见图 5-3);若 $F_j < 0$,即 $PMC < SMC$,则为负外部性(见图 5-4)。外部性会直接导致社会资源无法实现最优配置。

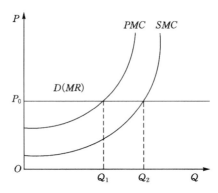

图 5-3 正外部性导致产品过剩

矿区土地再利用过程实质是提升土地固定资产价值的过程,而土地原利用过程使其存在外部性。外部性导致市场资源配置机制"失灵",出现土地低效使用情况时,应由政府介入土地资源配置。然而,由于产权不明晰、利益驱动不强

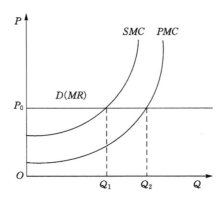

图 5-4 负外部性导致产品供给不足

烈等问题,导致政府的介入并未能提高土地开发经济效率。此外,政府过多介入,或企图取代市场价格机制,会导致介入失当,造成"政府失灵"。为此,矿区土地再利用模式应转变开发理念,变政府行为为产业行为或企业行为,引入市场机制。

5.2.4 企业社会责任推动

企业社会责任是指企业在追求利润最大化的同时,所担负的维护和增进社会利益的义务,包括对企业职工的责任,对环境、资源保护与合理利用的责任,对所在区域社区经济发展的责任,对国家社会福利和社会公益事业的责任。煤炭企业作为以矿产资源开发与利用为主导产业的企业,对城市的经济发展、社会发展、生态环境建设起着带动作用。作为为城市提供就职岗位最多的企业,煤炭企业承担着较重的社会责任。一旦矿区可开采资源储量趋于"0",矿区职工再就业压力不仅对煤炭企业带来困境,而且将影响整个社会稳定性。同时,由于煤炭企业的特殊性,煤炭企业不可避免地会大量使用、占用所在区域的社会资源,更会大量利用所在区域的自然资源,并对其造成一定程度的损害。为此,矿区土地再利用时,煤炭企业应对政府负责、对矿区职工负责,开发项目应以低成本、高效率为原则来满足城市城镇化建设和社会经济发展需求。

综上,根据增长极理论,为促使城市经济快速发展,资本、人力、技术、政策将优先配置于矿区土地再利用。为此,煤炭企业和地方政府应从一开始就追求高标准进行矿区土地开发,创造良好的投资环境,吸引外界资本进驻发展。随着矿区土地开发创造的产业集聚效应增加,大量社会资本、劳动力、技术向其集中,从而缓解了城市人员再就业压力。同时,伴随区域内生产规模的不断壮大,建筑、道路、交通设施和商业网点、医疗中心、娱乐设施、教育设施等都将可以围绕矿区所在地中心进行集聚发展，使得区域内管理和服务水平不断提高和完善。与此同时，矿区通过再利用产生的集聚效果，将有助于提升城市的综合实力，从而能够有效缓解社会压力。

5.2.5 城市空间重构带动

受资源分布和矿区长期以来"重生产、轻生活"建设模式的影响，矿业城市的空间形态呈现出明显的分散性，使城市无法形成应有的集聚效应，无法突出城市形象和风貌特色，增加了城市建设的难度。经过多年发展，矿业城市普遍存在着城市功能不健全、空间布局混乱、生态环境恶化、市政和公共设施短缺等问题，不利于城市经济和社会的可持续发展。为此，相关研究表明矿业城市纷纷采取"做大做强主城区，使其成为城市发展的增长极；将城市空间外扩，建设新城区以带动老城区内部空间结构调整；开发高新技术经济区以带动新城区发展和产业结构优化"等措施进行空间重构。在此过程中，主城区功能结构及物质环境的更新改造及空间的外拓，促使城市部分功能、人口及企业逐步向外疏散，矿区优先被纳入城市规划体系中，使其面临着更多的机遇与挑战，从而逐步适应城市需求。

5.2.6 城市可持续发展促动

资源枯竭型矿区引发的社会问题较多，主要包括土地闲置和大量的职工下岗，导致失业人口增多，直接影响到城市和矿区的发展及稳定。因此，资源枯竭型矿区在可持续发展过程中应逐步调整自身发展和建设，主动融入城市，实现矿城的协同。另外，关闭矿井所在的资源枯竭型矿区也存在着一定的价值与开发潜力。城市快速扩张、土地资源紧缺等都为资源枯竭型矿区发展创造了良好的发展契机。

6 资源枯竭型矿区土地退出
制度设计与再利用规划策略

资源枯竭型矿区生长更新的脉络应该在继承和保护的基础上进行,结合各城市的实际情况,遵循循序渐进、可持续的再利用规律,采取有针对性的、切实可行的、分阶段的措施,以求把工业文明和审美价值传承到下一代,并使之与社会发展实际进程相吻合。

6.1 资源枯竭型矿区土地退出制度优化设计

从前几章内容可知,我国城市土地制度体系的不完善制约了土地资源的节约集约利用,造成了资源的浪费。因此,必须通过创新优化现有制度设计才能解决制度供求性冲突问题,从宏观上提高制度的可操作性和针对性。本章在不突破原有制度规定的前提下,创新性地优化制度设计,旨在节约交易成本、提高资源枯竭型矿区土地再利用的效率。

6.1.1 矿区土地退出制度优化设计原则

效率是矿区土地再利用必须考虑的问题,制度运行效率对于土地再利用具有非常重要的影响作用。资源枯竭型矿区土地再利用制度的制定必须要考虑公平、效率和可持续发展的原则。

6.1.1.1 公平原则

传统的再开发模式是由政府主导的,政府相对强势的地位削弱了煤炭企业和社区居民参与决策的话语权,加之政府的有限理性,导致在资源枯竭型矿区土地再利用中出现了忽略社区利益、缺乏人文关怀、离散社会脉络等问题,影响到了社会公平,因此首先应注重公平原则。资源枯竭型矿区土地再利用机制设计首先必须保证利益相关者公平参与,形成政府、煤炭企业、开发商、社区居民合力推进机制,充分保障煤炭企业和社区居民主动参与,形成公开透明、阳光操作、程序规范、公众参与的矿区土地再利用机制。充分发挥市场机制的作用,构建多方参与的渠道和信息化反馈机制,建立多方合作伙伴互助关系。

6.1.1.2 效率原则

我国目前对矿区土地再利用大多遵循统一收回、重新招拍挂的操作方式,呈现出政府主导的特点,整个流程比较复杂,从回购方式、补偿方案、年度计划、设定产业准入条件到最终土地出让,涉及部门众多,增加了部门之间的协调成本。若部门之间存在沟通不畅、信息共享不足等问题,这一过程将产生重复度量、界定产权的额外费用,会增加更多的交易成本,导致制度低效。我国矿业用地应借鉴相关经验,创新制度设计,将以市场为主导的再开发和以政府为主导的土地储备纳入科学统筹范围,平衡资金需求,充分发挥政府和市场两只手的纽带作用。

6.1.1.3 可持续发展原则

随着城镇化进程的不断加快、城镇人口持续增长,各种弊端逐渐显现出来,如基础设施严重不足、交通拥挤、环境污染严重等一系列问题。在推动低效用地再利用迫切需要制度创新的趋势下,可持续发展是土地资源利用急需着重考虑的原则。可持续发展是衡量土地资源有序利用的重要原则,在资源枯竭型矿区土地再利用的过程中,必须建立可持续发展的标准。土地资源的利用要以服务社会和公众为最终目的,如果没有可持续发展的约束,就会出现各种滥用、投机行为,以暂时性的经济高速增长换取长远利益的增长。

6.1.2 优化设计思路

我国矿区土地多分布于矿业城市的老城区、城郊以及远郊,为挖掘土地潜力,提高土地利用效率,建议由煤炭企业作为发起者,将低效、闲置的用地上报政府,按照"统一立项、统一规划、整体保护整治、综合开发改造、分类补足地价"的操作模式进行开发。这种模式的创新之处在于突破了"收储招拍挂"的限制,由政府统一立项可以简化审批流程,通过引入民间资本的力量进行土地再利用,减轻了政府财政压力并提高了效率;同时也避免了煤炭企业可能自行开发改造造成的制度不公平现象。

6.1.2.1 统一立项

传统的再开发模式是由政府主导的自上而下的再开发或由市场自发主导的自下而上的再开发。无论是项目的发起、规划审批、组织结构组建还是资金筹措等都是在政府部门或者相关机构的组织下进行的,但是项目的具体实施却由市场力量完成,在质量和效率上都缺乏保证。矿区土地再开发必须充分发挥政府和市场的综合作用,综合煤炭企业的需求,由煤炭企业作为运作主体,将低效、闲置的矿业土地上报政府,向规划和土地资源管理部门申请改造。政府部门应根据该片区的历史、现状特征,将矿区土地改造项目统一立项。政府部门必须以政策为引导,建立一定的监督和惩罚机制,督促煤炭企业及时上报闲置土地。

6.1.2.2 统一规划

资源枯竭型矿区土地再利用在加拿大和德国所取得的成功经验表明,无论什么类型的土地再利用均少不了政府的参与支持。政府规划是土地再利用的前提条件。资源枯竭型矿区土地再利用也离不开政府的规划职能。城市规划对于企业及产业的发展具有较强的指引作用,政府应根据城市功能发展要求,明确定位地块的未来使用功能,对于涉及国计民生的重点产业,政府要给予充足的土地供应支持。发挥好城市规划的引导作用,建立土地再利用规划、产业规划、功能规划"三位一体"机制。

6.1.2.3 整体保护整治

资源枯竭型矿区土地的再利用不只是对单个地块的局部优化调整,而是与城市总体规划目标相协调。资源枯竭型矿区土地承载着许多有价值的基础设施,诸如工业设备、厂房等,具有极强的文化保护价值和利用前景。我国许多城市将资源枯竭型工业设施规划为旅游产业,对于传播矿业文化和改变城市面貌具有重要的传播作用。但是,资源枯竭型城市基础设施相对落后,需要根据城市规划的要求进行有序整治。因此,资源枯竭型矿区土地的再利用要注重保护和整治的联动,处理好工业遗产保护整治和土地利用之间的矛盾。

6.1.2.4 综合开发改造

在矿区工业遗产的有序利用方面,加拿大、德国经验相对较为丰富,区别于我国大多数案例仅限于单一功能或特殊功能的再开发。德国鲁尔区具有可广泛借鉴价值的案例。其先进做法是将鲁尔区存量矿区土地资源与城市周围地块结合起来,综合规划为商业、文化产业、服务产业用地,将土地转化为了高品质城区,进而提高了城市发展整体水平。

我国应科学借鉴国外经验,在具体运作模式上可由政府招商引资,对上报的矿区土地及毗邻地区特定范围内的土地实施综合开发利用,按照一体设计、统一联建方式开发利用土地,统筹居民安置、社区发展、高端产业以及公共配套产业等各个方面,促进产业发展及相关设施用地布局协调,保障城市综合功能的合理性。

6.1.2.5 分类补足地价

城市地块的价格水平是由该城市整体价格水平和该地块在该城市内部的个体区位决定的。我国煤炭企业用地经历多年的建设与发展产生了增值价值,在这个过程中煤炭企业的贡献不可磨灭。在矿区土地再利用的过程中,对于煤炭企业的补偿需要综合考虑地块的增值情况。可按照该地块所处的区位以及未来规划的用途划分类别,根据该地块未来的增值空间分类别向原用地企业补足地价,实行差别化的补偿策略。当然,在这个过程中煤炭企业也可以参与该地块的再开发,只不过是以新的市场主体的身份参与。

6.1.3 保障体系构建

6.1.3.1 融资制度

资源枯竭型矿区土地再利用过程中不可避免地要面临一系列问题,其中资金问题尤为突出。根据我国的实际情况,再开发融资渠道主要分为政府财政投资、企业内部融资和银行贷款、股权、债券等传统的融资渠道。因此,按照"政府主导、市场运作、对方参与、互利共赢"的原则,应创新融资渠道和方式,重视发挥市场机制的作用,充分调动企业和居民的积极性,动员社会力量广泛参与矿区土地再开发工作,并为此研究和制定一系列相应制度和政策。

(1) 融资渠道

依据资金来源的主体不同可以将矿区土地再开发融资分为企业内部融资、政府财政投资和市场外部融资 3 种方式。其中,市场外部融资主要有银行贷款、再开发专业银行、再开发专项基金、再开发投资基金和 PPP(政府和社会资本合作)融资模式。其中,PPP 融资是最典型的融资模式,这种模式最显著的特点是政府与项目的投资者和经营者之间的相互协调作用。

① 企业内部融资

企业内部融资主要分为企业自有资金和新股东资金两种形式的融资。由于再开发项目需要的资金巨大,投资再开发项目由企业完全依靠内部融资的可能性不大。因此,该融资方式可用作项目的前期投资来源。

② 政府财政投资

政府财政投资主要是指政府财政支持,有财政拨款和财政专项资金等形式。再开发项目中涉及的基础设施、历史文化建筑保护等项目资金主要来源于政府财政投资。但是,这种投资方式导致政府财政压力巨大,很难实现资金平衡。

③ 市场外部融资

市场外部融资主要是指银行贷款。其中,再开发专业银行本质上是一种政策性金融机构,是为实施再开发政策,筹集资金搞好资源型城市转型而设立的专门性金融机构,主要负责再开发的贷款融资业务;再开发专项基金由市区政府支持,主要从城市维护建设税、城市基础设施配套费、土地出让收入等渠道中,安排一定的比例进行再开发;再开发投资基金是由政府投入部分专项基金发起,鼓励国内大型房地产开发企业和知名的基金公司共同设立,同时积极鼓励和吸引民间资本参与。

政府对于再开发项目 PPP 融资模式的设计应具备完整的政策框架、目标和实施策略,指导和约束项目建设运营过程中各参与方的行为。融资机构尽可能使各参与方在项目进行中达到预定目标。PPP 融资模式最显著的特点是政府与项目的投资者和经营者之间的相互协调及其在项目建设中发挥的作用。PPP融资模式,见图 6-1。

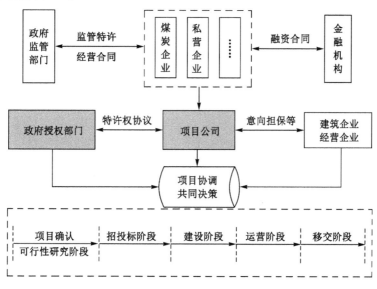

图 6-1　PPP 融资模式

(2) 融资风险管理

再开发项目的融资风险不单纯存在于融资阶段。在再开发项目的全部运作周期中融资风险时刻影响着再开发项目。因此,针对再开发项目融资风险的控制,应实施运作周期全过程的风险控制。依据多种合适的风险识别方法,在不同情境中全面识别再开发过程中的风险。对于有风险承担意愿且有承担能力的融资方,可以根据风险大小和风险承担能力,设定相应的风险管理方案和风险分配方案。再开发项目融资过程风险分配,见图 6-2。

6.1.3.2　监督制度

资源枯竭型矿区土地再利用参与主体多元、利益关系复杂、实施周期跨度大、涉及领域范围广,要实现健全而高效率的运行,需要建立一套完善的全过程

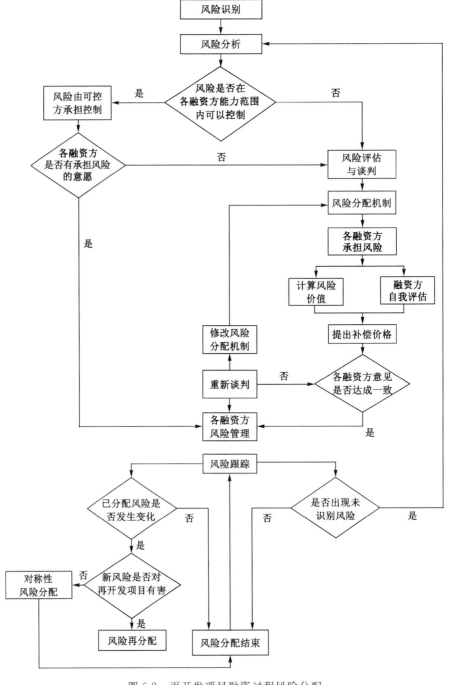

图 6-2　再开发项目融资过程风险分配

全方位监督制度,引入多层次监督主体,公开透明监督过程,规范监督程序,创新监督问责追究机制,从而提高监督的效果。

（1）监督类型

目前中国矿区土地再开发项目主要由政府成立的相关机构或部门监督和考核再开发项目的实施情况。由于矿区土地权属具有复杂性、涉及的问题和矛盾较为突出,单纯依靠政府监管有失妥当。为此,本书提出应构建多层级、多角度不同监督机构共同监督的监督制度:政府部门的层级监督、内部监督及整体监督;社会公众的外部监督;第三方监督机构的专业监督。

（2）监督法律体系构建

构建完善的再开发项目行政法规和政策制度,是确保再开发监督体系正常运行的重要保障。健全的再开发项目监督体系,既包括针对被监督对象的再开发监管法律依据,也包括针对监管者的再开发监督执行规范。健全的再开发项目监督体系可以用来指导监督部门和监督主体依法行政和操作,引导开发商、投资主体及业主等相关人员参与再开发,同时还可为在开发监督主体及监督对象行为提供充足的政策依据。

（3）监督手段与方式

首先,全面监督的同时对重点问题做专项调研。对再开发项目全过程的监督,要求出台相应的政策规定,多种监督方式的协同运用,同时注重监督方式的针对性和灵活性,实现再开发项目的全方位监督。此外,对社会关注、群众关心的补偿安置、基础设施建设等民生问题,以及再开发的社会热点、难点问题等开展专项调研,采用质询等刚性手段进行监督,提高专项问题监督的深度和力度。

其次,运用信息化手段提高监督水平。加快再开发项目信息化建设,研制再开发项目网络公共服务平台。一是,将再开发项目规划计划、政策颁布与投资机构参与申请认定、施工单位招投标,以及再开发项目实施进展等相关信息于网络服务平台公示,发挥网民的监督作用。二是,拓宽再开发项目监督信息沟通渠道,收集民众意见并及时处理反馈。三是,搭建再开发项目参与主体多方沟通平台,加强再开发数据库建设,实现政府部门、开发商、投资机构、业主等信息共存。

（4）监督问责追究制度

依据制度经济学,再开发项目实施主体的违法违规行为属于典型风险决策行为,即权利主体权衡各种利弊得失,决定是否实施腐败行为。同样,再开发监督主体在决策过程中通过权衡违规的成本与收益来决定是否从事违规行为。加强和落实监督结果的问责追究制度,能够发挥好监督问责的实际作用,形成有错必纠、有责必问的责任追究制度,从而有效降低再开发违法违规行为的成本,减少被监督主体选择违法违规的概率。

6.1.3.3 规划计划制度

资源枯竭型矿区土地再利用要以国民经济和社会发展规划、主体功能区规划、城乡总体规划、土地利用总体规划等为前提和基础,编制再利用专项规划,并制定再利用的计划,从而构建再利用规划体系,从规划体系、编制要点、编制主体、编制程序及规划主要内容等构建再利用规划计划制度。

（1）矿区土地再利用规划体系

矿区土地再利用采用行政、法律、经济以及工程技术等多种手段,通过矿区土地权益调整、功能重组以及实体改造等方式,不断追求和实现矿区土地利用的经济、社会和生态综合效益,提升城镇核心竞争力;拓展城市发展空间,实现城市可持续发展的目标。为科学有序地开展再利用工作,应根据国民经济和社会发展规划、土地利用规划、城市规划、功能区规划和城市保护规划等编制再利用规划,从总体上指出再利用方向,指导全域范围内再利用的用地结构、空间布局和用地强度等。同时,结合城市控制性详细规划,编制再利用专项规划设计导则,确定城市不同功能区的规划设计方案和建筑要素设计,引导再利用项目。最后,通过制定再利用计划,合理指导再利用项目的区位、性质和规模等。因此,矿区土地再利用主要通过《矿区土地再利用专项规划》《矿区土地再利用专项规划设计导则》《矿区土地再利用项目计划》等文件来引导和统筹。矿区土地再利用规划体系与相关规划的关系,见图6-3。

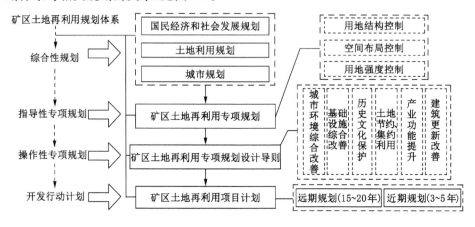

图6-3　矿区土地再利用规划体系与相关规划的关系

（2）矿区土地再利用规划编制内容

矿区土地再利用规划的基本内容是依据"多规合一"规划，在充分研究矿区土地的自然和生态、经济、社会和文化现状条件的基础上，合理确定城市功能的空间布局，制定相应的土地利用与建筑管理的规定和技术要求，提高城镇建设用地集约利用程度，并提出相应的再利用年度实施计划和实施机制。具体而言，矿区土地再利用规划主要包括以下几个方面：① 明确规划的对象和范围；② 明确规划的目标任务；③ 明确再开发项目的功能定位；④ 明确再开发项目的规模布局和控制强度；⑤ 明确再开发项目的时序安排和年度计划；⑥ 再开发项目规划实施的保障措施。

6.1.3.4 组织协调制度

组织协调制度是指在矿区土地再利用过程中协调利益关系、缓解再开发项目各环节矛盾、有效促进再开发项目有序进展的行为准则，需要从整体宏观把握，同时要注意问题解决的时效性和社会公平性。组织协调工作需在相关法律规章制度下开展，依据明确的再开发项目权责体系，规范再开发项目各参与主体行为。

为更好地解决矿区土地再利用中遇到的各种问题，可组建由各相关方代表组成的临时的组织协调机构。组织协调机构从再开发项目的确认和可行性研究阶段开始设立，直到项目完成移交后再撤销，也可以根据项目的需要推迟撤销。组织协调机构的职能包括三个方面：① 解决和协调再开发项目全过程中遇到的相关问题；② 监督各方义务履行情况；③ 协调各相关方的利益分配。为保证该临时的组织协调机构的权威性，应依据机构职能决定机构成员的组成。各相关方代表主要是部门和公司的领导、或社区和组织的公众代表。组织协调机构与各相关方的参与，见图 6-4。

6.1.3.5 运作管理制度

资源枯竭型矿区土地再开发项目的顺利实施需要一定的管理制度加以规范。为更好地推动再开发项目实施，本部分内容以再开发项目的实施过程为对象，结合组织管理模式和应用模式在实践中的具体运作，以再开发项目的运作视角构建再开发运作制度。根据再开发项目的运作过程，本书将再开发项目的运作管理分为前期、中期和后期三个管理时期，并根据不同时期的不同任务进一步细化管理的制度建设。再开发项目运行管理机制，见图 6-5。

（1）项目前期管理

矿区土地再开发的前期管理主要包括再开发的准备与确定阶段，准备阶段主要是对原土地的情况调查，摸清土地的权属，调查土地的概况，确定土地的价

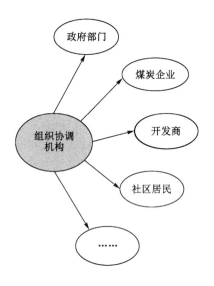

图 6-4　组织协调机构与各相关方的参与

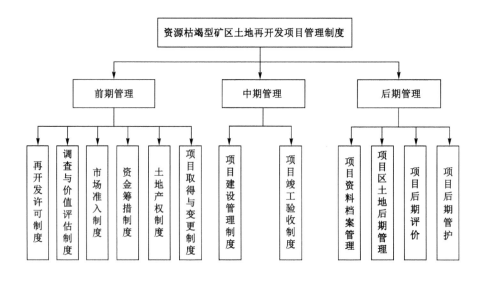

图 6-5　再开发项目运行管理机制

值,同时筹措项目再开发资金,寻找项目工程的再开发企业和监理企业。再开发项目的确定是指政府依据一定的原则对再开发项目进行立项。该阶段主要涉及的管理制度包括再开发许可制度、调查与价值评估制度、市场准入制度、资金筹措制度、土地产权制度以及项目取得与变更制度。

（2）项目中期管理

矿区土地再开发中期是再开发企业取得再开发项目后,开始执行再开发方案直到项目完工的过程。这一阶段也是项目工程的建设期,主要涉及的管理制度包括项目建设管理制度和项目竣工验收管理制度。

（3）项目后期管理

矿区土地再开发通过竣工验收合格后,项目承担单位还要做好项目移交和项目终结工作。项目后期管理包括项目资料档案管理、项目区土地后期管理、项目后期评价和项目后期管护。

6.2 资源枯竭型矿区土地再利用规划策略

6.2.1 再利用目标

构建明确的资源枯竭型矿区土地再利用目标体系可以使矿区今后的更新活动有章可循,为其一系列的开发建设指明方向。但是,与传统更新方法仅以经济效益为主要目标相比,矿区土地再利用方法更为注重经济、社会、环境、文化等多方效益,注重人的多层次需求的满足。并且,从以上分析中可知资源枯竭型矿区存在的问题主要集中在空间、产业、社会及生态等四个方面,对其进行再利用的首要目的无疑是有效解决这些问题。据此,本书将资源枯竭型矿区土地再利用的目标设定为空间、经济、社会、生态及文化等五个方面。资源枯竭型矿区土地再利用目标体系构建,见图 6-6。

6.2.1.1 空间目标:实现矿城有机融合

资源枯竭型矿区优越的区位,使其与城市联系密切,受城市辐射大,相互间影响作用大。但是,资源枯竭型矿区空间往往比较封闭,自我为体系,在其空间布局和形态上多考虑生产需求和工艺流程的需要,导致矿区空间松散、土地资源浪费、基础设施落后,分割了城市的空间,阻碍了城市的发展。在保留原有空间肌理和特征的前提下,对其进行再利用,着重解决矿区废弃建筑、设施、环境、景观等的改造,优化矿区资源的合理利用,促进矿区各要素的集聚,使其主动纳入城市体系,形成新的空间布局和形态,以满足矿区自身和城市发展的需求,实现矿城有机融合和协同一体化发展。

6.2.1.2 经济目标:促进矿城经济振兴

经济发展是推动城市与社会发展的根本驱动力。经济发展能够使城市进行更新,能够使城市在经济运作的过程中不断丰富自身的物质形态。利用资源枯

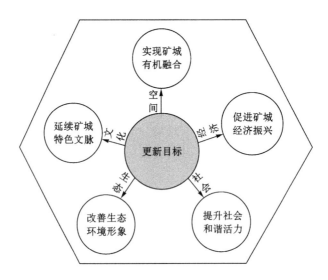

图 6-6 资源枯竭型矿区土地再利用目标体系构建

竭型矿区的区位优势,对其进行再利用,可以优化矿区产业结构,改善产业结构单一的现状,即可以在原有产业的基础上,延伸产业链,大力发展与资源无关的第三产业,如文化创意产业、旅游业、房地产、商贸物流等新兴产业,为矿区发展注入新的活力;可以对因资源枯竭而造成的衰落经济进行复兴发展,促进矿区经济的振兴和可持续发展。与此同时,矿业经济作为矿业城市的主导经济,其经济振兴使资源枯竭型矿区发挥着类似"磁极"的作用,对周边区域产生放射性的吸力作用,引导后续的经济投资与开发,从而带动城市整体经济的联动效益,促进城市经济的提升与增值。

6.2.1.3 社会目标:提升社会和谐活力

资源枯竭型矿区再利用的最终目标是通过空间的调整、经济的发展和环境的优化,促进城市和矿区的发展与进步,塑造出自由安定、健康和谐、充满活力的社会环境。通过对矿区的再利用,盘活社会资源,发展多元化产业,增加就业机会,形成良好的社会风气,缓解矿、城、乡之间的矛盾;改善矿区居民的居住条件和生活环境,为矿区居民提供更好的教育机会和医疗服务,增强矿区居民的归属感与认同感;激发矿区活力,使其与城市进行有效融合,并以此带动整个社会的活力,最终达到社会结构、矿区与社会和谐相融的目的。

6.2.1.4　生态目标:改善生态环境形象

资源枯竭型矿区开采一般属于高污染、高耗能、高排放产业,尤其是煤炭资源的开采,加上矿区往往在生产过程中忽略对矿区环境的整治,这使得矿区及其所在城市往往被赋予脏、乱、差的形象,并伴随着资源的枯竭,逐步形成更加衰败破落的景象。资源枯竭型矿区作为城市的"后花园",通过对其空间环境的再利用,采取增加矿区绿化、改善基础设施、增设特殊的开敞空间等一系列措施来改善矿区生态环境质量,优化城市生态空间,将矿区打造成一个具有安全便捷的功能、舒适宜人的形态、较强特色和可识别度的空间区域,重塑矿区与所在城市形象。

6.2.1.5　文化目标:延续矿城特色文脉

矿业城市往往因矿而建或缘矿而兴,故而矿区往往是城市在历史长河中发展的见证,对地方的经济与建设发展具有较大的促进作用。矿业城市承载着城市的历史文化,培育了过去一批工人群体,城市中的很多居民都对矿区怀有深厚的情感。通过矿区土地的再利用,保留矿区内具有工业历史价值的物质要素和非物质要素,可以重现城市历史与记忆,传承城市文脉,折射当时城市工业发展面貌,加强城市历史文化感,彰显矿区与矿业城市的特色。

6.2.2　再利用原则

"再利用"理论的研究对象是协调统一的城市整体,注重把城市当作一个"活"的具有生命力的有机体。资源枯竭型矿区土地再利用时要尊重地段及其周围地区的格局关系,注重可持续发展的原则和历史文化的传承,强调再利用过程的重要性,关注公众的利益及人与环境的平衡关系。因此,资源枯竭型矿区土地再利用应在保护现状的基础上,遵循以下五项原则。

6.2.2.1　有机整体原则

资源枯竭型矿区是城市整体的一个组成部分,在对其更新改造的过程中应注重整体性,一方面要把握矿区自身的完整统一,处理好矿区内部各片区与矿区整体发展之间的关系,维护矿区内各组成部分之间的秩序,不能单纯地从其中的某些细节或者局部问题进行考虑。另一方面,也要确保矿区与城市肌理的完整统一,从城市全局出发,将矿区与城市作为一个整体,充分研究矿区及其周边区域的城市格局和文脉特征,遵循矿区及城市发展的历史规律,加强矿区与城市的联系。同时,有机整体性原则也是指矿区整体效益的发挥,要保证矿区及其周边区域乃至城市的环境效益、社会效益、经济效益、历史文化效益等得到有效发挥。

6.2.2.2　和谐延续原则

　　和谐延续原则即在资源枯竭型矿区土地再利用过程中要注重矿区与城市在经济、社会、文化以及生态环境的和谐与延续。一方面，要考虑到矿区与周边现状形态的和谐、留与改的和谐、历史与现实的和谐、功能与审美的和谐、人与环境的和谐、矿与城的和谐等；另一方面，也要考虑对矿区现有建筑、构筑物等物质元素的保护。另外，还要考虑在继承和延续原有历史文脉前提下进行改造以及为了矿区文化更加丰富多彩而注入全新元素等，呈现出新旧共生的景象，最大限度满足城市和矿区的使用需求，最终无论是在外在形式上还是在文化内涵上均能实现矿城的和谐与延续。

6.2.2.3　循序渐进原则

　　任何改建都不可能是最后的完成，也不会是最后的完成，而是永远处于持续的更新过程。资源枯竭型矿区土地的再利用不可能是全部推倒、重建的一次性工程，而应是一个与时俱进、持续发展的过程，应遵循循序渐进的原则。在这个更新的过程中，制定一个合理的、因地制宜的发展目标，划分为多个阶段进行，更新尺度量力而行，重视更新方案的弹性与灵活性，以确保更新得切合实际，保证矿区渐进、可持续发展。并且，小规模、渐进性的更新方式可使矿区实现在保护中进行更新，在更新中进行保护，进而在一定程度上促进矿区文化和城市文脉的传承，有利于矿城的融合有机发展。

6.2.2.4　以人为本原则

　　资源枯竭型矿区的人口结构、环境特征更为复杂，相关利益群体关系更为紧张，在进行矿区再利用时更要落实"以人为本"的原则，充分认识矿工、周边农民、市民等人群的主体性，考虑他们的行为和需求，协调好他们与矿区间的互动关系，从而使更新后的空间环境能够形成适宜的人文尺度，满足不同人群的多层次需求。同时，完善矿区职工、城市居民、周边农民等公众的参与机制，根据相关使用者的需求，综合平衡各方利益，完善矿区内部功能，使矿区能够真正融入城市生活中。

6.2.2.5　集约高效原则

　　资源枯竭型矿区在当前的发展中存在着土地利用率低、土地资源浪费等问题，与其优势区位所具有的良好的级差地租相矛盾，也存在着空间布局分散的问题，不利于产生集聚效应。集约高效原则是指集约高效地配置和利用矿区与城市各种资源，加强矿区土地的有效利用和空间集聚，重视生态系统的保护和恢复建设，在功能设置、空间布局、产业向导、环境治理等方面都具有较高的经济效益、社会效益及生态效益，充分实现矿区土地价值。

6.2.3　再利用方向

　　资源枯竭型矿区土地再利用具有复杂的系统性,它是一个全方位的转化过程,不仅包括矿区物质空间形态的变化,还包括矿区职工的市民化、棚户区的城市社区化、矿区经济的多元化等方方面面的转变,也是使城市变得更加开放、进步的过程。资源枯竭型矿区土地的再利用不是等着城市发展结束后再进行,而是应该利用自身资源和优势主动为城市服务,脱离过去矿城各自为政的状态,借助城市力量促进矿区发展,同时使矿区加速融入城市,带动城市的发展。通过对资源枯竭型矿区现存问题及其再利用困境与诉求的梳理,为了达到矿区再利用在空间、经济、社会、生态、文化方面的综合目标,本书构建了资源枯竭型矿区土地再利用策略体系,见图 6-7。

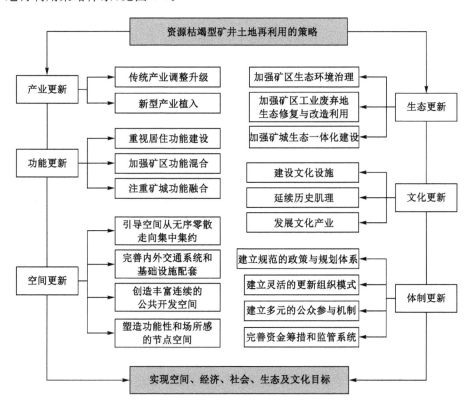

图 6-7　资源枯竭型矿区土地再利用策略体系

6.2.3.1 产业更新

随着城市经济的多元发展,在各新型产业崛起的冲击下以及矿产资源日益枯竭的威胁下,依赖矿产资源发展的产业终将衰落。而矿区中非资源产业一般规模较小,在城市中的竞争力相当有限,必须以大规模优势产业和新兴产业来保持其竞争力与活力。资源枯竭型矿区土地再利用的一个重要发展方向是对产业链进行重构,即实现矿产资源产业向非资源产业过渡、污染产业向生态产业过渡、单一产业向多元产业过渡、萎缩型产业向可持续产业过渡,最终使产业向集约化、可持续化的方向发展,主动为城市发展服务,使矿区获得持续发展的动力,实现矿区和城市的经济增长。资源枯竭型矿区产业更新框架,见图 6-8。

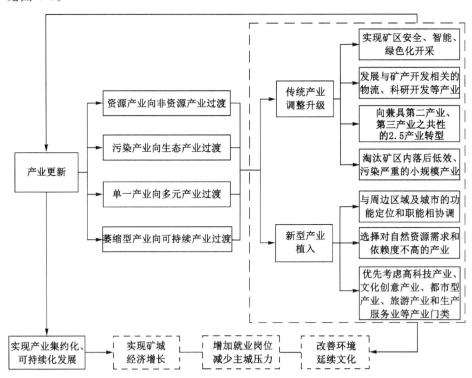

图 6-8　资源枯竭型矿区产业更新框架

(1) 通过传统产业的调整升级,实现产业转型发展

对于未关闭的矿井而言,无论是位于何处,矿产资源的开采及相关传统产业仍是其主导产业,是矿区企业的经济支柱,其产业功能将不断延续。因此,在对

矿区产业进行更新时,仍要关注其传统产业的需求,分析在城市空间逐渐"吞噬"的情况下,矿区如何利用传统产业进行转型发展,保持原有经济活力。

传统产业调整升级是指以信息技术为代表的高新技术产业的广泛应用及其对矿区传统产业体系的调整和优化,其内涵是科学技术进步影响下的产业科技含量的增加。① 通过高新技术的开发引入,实现矿区安全开采、智能开采和绿色开采,增加经济效益的同时减少对环境的破坏,缓解矿城生态矛盾。② 利用城市空间的重构和关闭矿区特有的区位优势,借助信息技术,打造矿区信息化服务平台,发展与矿产开发相关的物流、科研开发、现代服务等产业,延伸产业链。③ 通过资源整合、资本运营、典型示范等手段,使矿区由传统以工业为主的第二产业向兼具高新技术产业、现代服务业等第二产业、第三产业之共性的 2.5 产业转型,调整优化矿区产业空间布局,提升矿区经济增长方式。④ 淘汰矿区内落后低效、污染严重的小规模产业,为矿区发展预留空间。

(2)通过新型产业的植入,实现产业多元化发展

对于资源枯竭型矿区而言,具有不可复制的历史文化资源与良好区位条件下的宽敞空间两大独特的发展优势,因此,可以采用引入一些具有高端产业经济效益的新型产业作为更新的功能支撑,为矿区发展提供后续动力。

在对资源枯竭型矿区新型产业进行选择时一般要考虑 3 个方面的因素:① 选择的新型产业要注重矿区与城市有机、协调、共同发展,要与资源枯竭型矿区所在城市的功能定位及周边区域的主要职能相协调,以保证矿城的有机生命力,强化城市特色功能优势,缓解社会就业压力等问题,使矿区形成整体的秩序和活力。② 选择时主要借助于关闭矿区及所属城市区位、交通、科技、资金和管理等方面发展而对矿产、土地等自然资源需求和依赖度不高的新兴产业。③ 选择时以科技创新为引擎,以生产性服务和生活性服务为羽翼,优先考虑发展文化创意产业、生产服务业、高科技产业、都市型产业和旅游业等产业门类。但应注意,关于文化创意产业,经济较为发达的城市通常可以选择适当的引入,而经济相对较为落后的城市应具体考虑该地区对创意产业的需求量,避免跟风式盲目发展。

总之,矿区土地的再利用可形成多元化的产业结构,完善相关产业链,可提高矿区产业的科技含量,可增加矿区应对风险的能力,为矿区带来更多的经济效益,也为失业者创造更多的就业选择机会,减少了对主城区的通勤压力,为保持社会稳定提供了条件。同时,矿区土地的再利用还可发展原有社会网络,延续和提升矿区文化,促进矿城经济的可持续发展。

6.2.3.2 功能更新

根据资源枯竭型矿区土地的功能诉求与矿城的发展需求,资源枯竭型矿

区土地再利用应包括两层含义：① 从总体上，结合人的需求和城市功能建设的需求，通过矿区土地再利用打破矿区土地以生产为主的单一功能，完善和提升矿城居住、商业服务、文化娱乐、科教办公等功能，实现矿区土地功能的混合设置。② 以优化矿城功能、促进城乡一体化发展为目标，针对矿区土地独特的区位条件，通过功能置换完成矿区与城乡之间的功能分工和协作，激发矿区新活力。

应重视矿区居住功能建设，打造多元居住空间。资源枯竭型矿区距离城市主城区和乡村都较近，具有独特的区位优势，是城市郊区化和乡村城市化两种推力共同影响的区域，城市居民外迁、乡村居民迁入、矿区居民因居住环境差而流失、因资源开采引发的农民安置等问题都要求矿区进行居住空间的更新改造，从而缓解主城区人口压力，保持矿区活力。

（1）采取分层次的方式更新旧棚户区住宅，完善配套设施建设

随着经济社会的发展，最易受到影响的关闭矿区居民对住房的要求也在逐步提高。建设和谐人居环境，打造和谐矿区，是增强企业凝聚力、吸引人才的重要手段，资源枯竭型矿区应充分利用城市空间重构的机遇，打破棚户区"原拆原建"的传统改造模式，以改善居住生活环境为目标，完善配套设施建设，提供足够的教育设施和社会文化设施，增加绿地率和开敞空间，并区别对待不同条件的旧棚户区住宅（见图6-9）。根据住宅质量及建筑的历史价值、社会价值对其采取分层次的更新方式，即维修、改造或拆除，这种分层次的更新方式是对资源枯竭型矿区所在区域进行再利用的基本思路。

① 维修

对于具有较高社会历史价值且建筑质量较好的棚户区住宅，应采取维修及内部改造的方式加以保护。比如，可更换住房内部不完善的生活设施和一些老化的建筑构件如门、窗、瓦、局部墙体等，并增加一些新的构件和配套设施，以满足现代的生活习惯。

② 改造

对于历史及社会价值较弱的住宅，应视其建筑质量及基础配套设施能否满足现在居民的生活需求而对其进行有效的改造，如加建部分空间以满足新功能。在改造的过程中要注意新建建筑物、构筑物与原有设施的和谐关系。

③ 拆除

对于难以满足居民现代日常生活需求的棚户区，应选择拆除重建。在拆除过程中应注意拆除方式的选择且新建住宅要尊重矿区和城市的原有肌理及文脉，并应考虑空间的集聚发展，促进社区集中建设；应充分调动居民的积极性，增

(a)

(b)

(c)

图 6-9　不同层次的棚户区

强公众参与,从人的实际需求出发,建设与之匹配的配套服务设施,改善居住环境。

(2)开发建设新社区,提供多样化居住类型

资源枯竭型矿区人口结构复杂,除矿区职工和当地农民外还存在许多外来流动人口。随着城市功能的不断外扩和矿区产业的不断完善,这部分外来流动人口的数量将越来越多,在更新时不能忽略每一类型居民的需求;另一方面,受采煤活动的影响,地表塌陷,随之会出现周围村庄搬迁的现象,妥善安排当地农民成了矿区不可避免的问题。因此,矿区必须将人口调整与产业升级相配合,开发建设新社区,提供标准多样化的居住类型,合理配置商品房、保障性住房、村民安置房等住房的比例,并针对不同区域实行不同的开发强度控制,建设真正的和谐居住社区,增强企业的凝聚力,吸引人才,推动矿区向城市社区转型。

加强矿区功能混合,合理进行多样功能设置。混合功能是指在同一个土地或空间单元中不同使用性质的兼容状态,是不同使用方式的共时性组合。美国城市规划师雅各布斯在《美国大城市的生与死》中,从"城市多样性"的角度明确提出了"功能混合"的概念。她认为,一个成功的受人喜爱的城市地区,在一天内的各个时间段里都会有人的活动。只有多个基本功能的混合,才能确保城市活力。矿区是承接城市功能的主要区域,必须采取多元化的发展方式,结合城市发展和自身情况,合理设置矿区多样功能,才能为矿区居民、本地市民及外来旅游者等不同人群提供多层次的综合服务,才能与城市现有肌理更好地结合。例如,结合城市总体规划,发展商业、办公、文化、娱乐等服务性功能;结合新社区建设,发展居住生活性服务业;结合产业升级,引进创意产业、休闲娱乐等多元业态,丰富城市功能。矿区功能的混合设置,见图6-10。

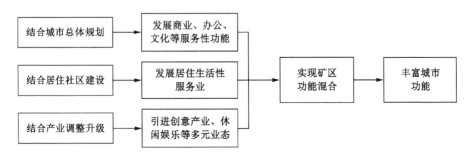

图6-10　矿区功能的混合设置

在针对具体功能的设置时需要进行具体的分析,以商业功能和公共服务功

能为例：

① 有效设置商业功能

商业功能是居民日常使用频率较高的功能之一。商业功能的有效引入是更新后矿区活力的重要保障因素，对于丰富矿区及周围居民的多样生活有重要价值。不同的资源枯竭型矿区因其所属区位的不同、规模的不同，所具有的商业价值和潜力也各不相当。因此，在对商业功能进行合理设置时，需要分析资源枯竭型矿区所具有的区位优势与空间利用优势，针对矿区的具体情况设置不同的商业规模。

在商业功能的设置上应注意：一是不同业态间的合理搭配，控制其相互间的运营比例，以达到有效的商业聚集效益；二是档次高低的合理组合，丰富不同消费阶层的需求，以创造更大的经济价值；三是合理利用矿区的文化优势，适当引进新型的体验式消费形式，丰富商业类型，以贴合居民多样化的商业需求。

② 有效设置公共服务功能

在以往，矿区基础设施和公共配套服务设施的建设都仅是盲目地为生产服务，设施设置在何处、配备多大规模、体现何种文化、提供何种服务等都不是市场作用的结果，更不是从矿区居民利益和需求出发。伴随着社会经济的进步，城市第三产业迅速发展，人们对衣食住行的要求不断提高。资源枯竭型矿区受城市影响较大，居民对住房、出行、教育、文化、医疗等多方面的关注，使得矿区公共服务功能的需求日益加强。在进行再利用时，应合理配置学校、活动中心、图书馆、博物馆、俱乐部等公共建筑，增加广场、绿地等公共开放空间，设置足够的老年人活动场地、青少年活动场地等户外休憩设施，为居民提供休憩、娱乐或举办社会活动的场所，增强矿区公共服务功能，以提高更新后矿区居民参与活动的热情。

注重矿城功能融合，合理进行功能置换开发。功能主义绝对的功能分区理念在长期的城市规划实践中发现了其理论的局限和不足，矿区再利用的需要遵循的一个重要原则就是有机整体原则，因此在其更新过程中，功能设置和功能置换都要注重与城市以及矿区周边区域的衔接融合，要注重功能的均衡发展和主导功能的提升，避免功能盲目置换。随着城市化步入快速发展阶段，功能置换已是完善和提升城市功能的要求，其主要表现在两个方面，一是土地利用性质的"退二进三、退二进居、退二进绿"等变更，二是功能由工业生产向居住生活、文化娱乐、商业服务、科研教育等置换。置换方式包括2种，见图6-11。

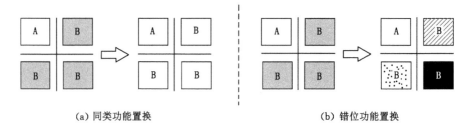

图 6-11　矿区功能置换开发方式

a. 同类功能置换开发

同类功能置换开发通常是指借助矿区周边功能的力量，选择类似功能进行置换和再开发。例如，如果矿区周边的 A 区域受城市影响已拥有一定量的居住社区，那么 B 区域在进行功能置换时则可考虑继续开发为居住社区，从而使居住面积达到一定的规模。这样不仅可以产生聚集效应，且可形成和谐统一的空间形态。

b. 错位功能置换开发

错位功能置换开发是指在对资源枯竭型矿区用地进行功能置换时，从矿区整体功能出发，以区域间功能互补协作为目的，选择与相邻区域功能错位、互补的功能进行置换。例如，A 区域仍为居住社区，那么 B 区域在进行功能置换时就应该以两区间相互服务和互补协作为目的，适度开发一些商务办公、休闲娱乐等功能。这样可以使不同区域间进行协作分工，提高区域运作效率，丰富矿区空间，还可以实现矿区的功能融合，提升矿区综合服务功能。

需要指出的是，在实际更新的过程中，由于市场盲目性和跟风性，同类功能的置换容易造成开发项目过剩、矿区空间均质等现象。因此，在对矿区进行功能定位时应尽可能选择错位功能置换开发的形式，以矿区周围环境和城市整体职能为出发点，避免相关功能的缺位以及同类功能的过剩。

6.2.3.3　空间更新

资源枯竭型矿区的空间现状基本是自下而上自然形成的，最初是为生产服务的，空间结构分散，土地利用方式粗放，矿区居民生活方式较为封闭、保守、单一。而城市空间大部分是自上而下经过预先规划而形成的，注重空间的集聚和高效，城市面貌现代，城市生活丰富。随着城市化进程的快速推进，资源枯竭型矿区的空间环境无法满足即将成为城市一部分的生活需求，造成了矿城空间的分割，形成了彼此各异的生活状态。资源枯竭型矿区空间再利用就是要解决矿区空间与城市的不协调，控制矿区建设的盲目冲动，提高矿区的开发性,使之更好地融入城市,加强矿区与城市之间的联系,实现矿区与城市一体化发展。

在进行土地资源整合时,应注重引导空间从无序零散走向集中集约,满足矿区与城市发展需求。这主要针对矿区中零散、低效的土地利用方式,布局混乱、分散的空间结构,较低的建筑开发强度以及矿区与城市各自为政造成资源浪费等现象。通过对矿区内资源的整合,引导矿区人口和生产要素集聚,实现土地的集约高效,为城市建设或矿区发展释放空间,使矿区逐步纳入社会体系,改善矿城双二元结构。这种整合在空间上可以分为水平式整合和垂直式整合两种方式,无论采取哪种方式都要考虑不同产业和功能间的相容性,尽可能地增强相互间的协作。

(1)水平式整合

水平式整合是指将矿区零散的土地资源按照用地性质、功能、产业类型等进行分类,分别整合到不同区域,将相关功能或类似功能的土地整合到一个区域内,集中力量开发一个产业区、居住区、行政办公区等区域,其他小地块则可进行清理,改作他用。水平式整合,见图6-12。水平式整合有利于产生集聚效应,节约资源。例如,在对矿区进行棚户区改造时,可打破"原拆原建"的格局,将分散的棚户区进行整合,选择合适区域建设集中居住社区。这样既便于资源共享,利于矿区职工向城市居民的转化,又节约了更新成本,为矿城发展提供了空间。

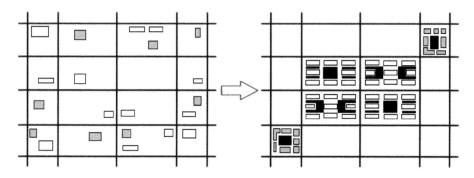

图6-12 水平式整合

(2)垂直式整合

垂直式整合是提高土地开放强度的一种做法,主要是对矿区内办公、居住、商业等用地进行服务性功能的资源整合。垂直式整合,见图6-13。我国关闭矿井用地的开发强度普遍较低,利用方式粗放,在地质条件允许的情况下,考虑将矿区内一些附属产业和提供服务功能的建筑向高度扩展，可以有效缓解城市土地日益紧张的问题，为矿区发展提供更多空间。

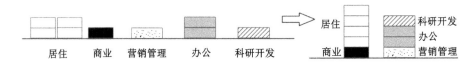

图 6-13　垂直式整合

通过完善内外交通系统和基础配套设施，可增强矿区与城市间联动。资源枯竭型矿区再利用中交通系统和基础设施配套问题会影响到功能、空间、环境等多方面，占据着非常重要的地位。由于资源枯竭型矿区位于城市和乡村之间，往往是城市与乡村之间联系的必经之地，随着城市功能的外拓和乡村城市化的推进，城乡间的通勤车流、过境车流等相互叠加，会导致主要交通干道堵塞，不能满足矿、城、乡一体化发展的需求，影响矿区发展。因此，要使矿区能够真正融入城市生活中，必须增强矿区与城市之间的交通联系，完善城市交通网络和矿区基础配套设施，使矿区与城市之间可以进行便捷的物质流、信息流等的传递，使矿区与城市相互间能快速达到，完成矿区与城市间的交流。

① 增设矿区外围路网系统

结合城市总体规划、道路交通专项规划等城市规划，重点完善矿区外围路网系统，快速疏解对外交通，增加矿、城、乡之间的交流路径，缓解矿区与城市和乡村之间的交通阻塞问题。

② 完善内部道路及基础设施

对矿区内部交通进行优化，加强基础设施的配套建设，一方面可以提高矿区内各项工作的运转效率，使矿区居民能够真正享受到城市居民的待遇，减弱矿区与城市的二元结构；另一方面可以提高矿区土地价值，吸引其他产业入驻，促进矿区向城市空间的转变。

a. 构建高效、低碳公共交通系统

加快融入主城区，要从时间上缩短矿区与主城区的距离，最有效的办法是构建高效、低碳的公共交通体系。大力发展公交系统，为居民的出行提供方便快捷的服务，建立与主城区联系的轨道交通，可为出行提供高速联系（见图 6-14）。

b. 倡导 TOD 模式

TOD（Transit-Oriented-Development）是以公共交通为导向的开发模式，结合交通站点采取高效、混合的土地利用方式（见图 6-15）。在资源枯竭型矿区

(a)

(b)

图 6-14 完善的公共交通设施

土地再利用时应充分利用其区位优势,借助城市公共交通站点合理配置商业、文化、居住、公共服务等功能,实现矿区产业多元化发展的转型,增强矿区活力和经济实力,吸引城市人流,加速矿区与城市的一体化;同时,还可以解决矿区人口再就业问题,提高就业比例,减少与主城区的通勤交通,缓解主城区压力。

c. 创造丰富连续的公共开放空间,衔接矿城内外空间

资源枯竭型矿区特殊的区位条件,使其空间形态本身就兼具了城市和乡村的双重特征,与城市空间有所不同。矿区内往往存在一些高大的井架、烟囱等生产设施,空间形式具有较为单一、体量庞大等特点,加上矿区与城市"各自为政"式的发展模式,使得矿区与城市空间彼此独立、互不协调,要实现二者就有机融合,就需要增设一些过渡和相互渗透的场所。另外,从矿区内部来说,往往只注

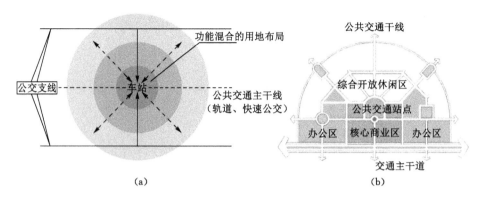

图 6-15   城市 TOD 模式示意

重生产效益,导致矿区公共空间和休憩空间较为缺乏,生产功能与生活功能之间相互孤立、缺乏联系。但在通常情况下,人们的行为活动并不是在"是"与"否"之间进行两极运动,而是经常越过边界,在"中间"的地区行动。

创造丰富连续的公共开放空间正是起到连接与协调的作用,将彼此分离的空间有机联系成为整体,增进矿区社会与城市社会的交融,使矿区共生于复杂的城市环境中。一是为矿区居民提供优质的公共休闲空间,如广场、绿地、公园、老年人活动场地、青少年活动场地等,将其塑造为矿区的"客厅",既能够改善矿区生态环境又能创造丰富的社会活动逐渐代替单调的矿区生活,有助于矿区居民向城市市民的转变;二是多设置矿区内的绿色开放空间,通过合理的景观设计突出矿区文化和生活,吸引更多的人群;三是在更大范围创造连续贯通的步行空间,从而将矿区主导空间和城市公共空间衔接起来,形成连续的公共空间网络。

另外,可塑造功能性与场所感的节点空间,以强化矿城特色空间。美国城市规划师理论家林奇对城市的印象研究发现,节点是塑造城市形态的要素之一,有利于人们在空间中定向、找路和交往。资源枯竭型矿区在进行空间再利用时,应利用矿区具有标识性的矿井设施、矸石山、塌陷地和各种环境要素的聚合,以及他们所形成的空间氛围,使其在均质的城市空间结构中发挥举足轻重的作用;借助矿区与城市公共开发空间和各要素在城市和矿区中的地位,顺应城市空间结构,形成空间特征鲜明、功能性强、层次清晰、场所感明确的节点空间,塑造城市特色,增强城市和矿区的吸引力,改善城市生态空间,具体可通过主体建筑物改造、广场空间营造、绿化和景观小品打造等措施实现[图 6-16(a)、图 6-16(b)为开滦国家矿山公园,图 6-16(c)为嘉阳国家矿山公园,图 6-16(d)为阜新百年赛道城]。

(a) (b)

(c) (d)

图 6-16　利用矿区环境要素塑造的特色节点空间

6.2.3.4　生态更新

　　生态环境作为矿区的原有物质属性,其基本内涵已超越生态系统、自然环境等原有概念的范畴,被赋予了广义的含义并成为可持续发展理念的重要组成部分。资源枯竭型矿区是城市的"后花园",其生态环境直接影响城市形象,但是长期的开采活动使矿区生态不可避免地遭受到不同程度的破坏。随着城市迅速扩张,矿区逐渐融入主城区,昔日的厂房、矿井设施、矸石山、塌陷地等逐渐处于城市核心位置。因此,对于矿区生态环境的更新是矿区再利用的重要目标之一。通过矿区生态的再利用可改善城市环境质量,提升矿区与城市的整体形象和机能,促进矿区与城市的全面融合和可持续发展。

(1)加强矿区生态环境治理,建立生态矿山运作模式

矿区对生态环境的污染主要是由开采过程中产生的废水、废气、废渣所造成的,因此进行环境治理时要充分采用高科技工程技术手段以及物理化学等方法,实现矿区绿色开采,并坚持实施可持续发展战略,保护生态环境。遵循"因地制宜,综合治理;整体规划,分步实施;合理布局,加快建设"的方针,根据自身生态环境的现状提出矿区生态环境整治规划,加强对矿区生态环境的污染治理和保护力度。针对矿区内部亟待解决的既有环境问题,应进行整体规划并采取切实可行的解决方案(见图 6-17)。建设绿色生态矿山,改善矿区面貌和城市形象,均有利于矿区和城市在空间上的融合。

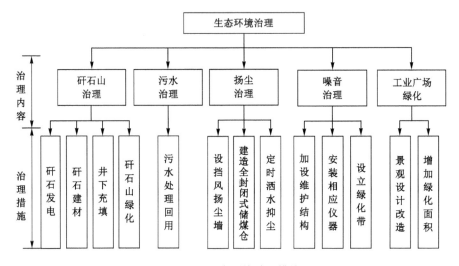

图 6-17 生态环境治理措施

(2)加强矿区工业废弃地的生态恢复与改造利用

矿区工业废弃地是矿区特有的形态,包括塌陷地、排土场、矸石山、粉煤灰堆场、露天矿坑、开采结束的工业场地以及其他受采矿影响而闲置的土地。矿区工业废弃地是矿业城市危机与复兴的双重载体,在对城市环境、经济和社会产生诸多负面效应的同时,因其不同表现方式而逐渐形成拥有丰富物种资源、景观资源、土地资源的独具特色的空间环境。矿区工业废弃地潜在的经济、社会、生态、美学价值更大,通过有效更新可以为矿区与城市发展提供更多空间,对城市环境和形象的塑造也有很大作用,为城市带来新的发展机遇。在更新的过程中,对于不同的工业废弃地类型要采取不同的方法,以达到经济、社会、文化、生态效益的最优化。

对于矸石山、粉煤灰堆场、排土场、塌陷地等大部分类型的矿区工业废弃地

可通过土壤改造、植被恢复、水体治理、资源利用、土地复垦等方式进行生态修复,使矿区土地达到可进行再开发利用的标准。

对于塌陷地等部分工业废弃地,可利用其形成的水域,结合生态修复打造为城市公园、绿地等开敞空间,既可优化矿城生态环境,也可完善城市休闲功能,丰富居民生活,提升城市形象。例如,有徐州"后花园"之称的潘安湖国家湿地公园,位于徐州市贾汪区,是全国首个利用采煤塌陷地生态修复形成的湿地公园。潘安湖国家湿地公园采取集"基本农田整理、采煤塌陷地复垦、生态环境修复、湿地景观开发"四位一体的建设模式,打造了一个南北兼容、自然和谐、具有苏北独特田园风光的城市开敞空间,为市民及游客提供了良好舒适的环境,增强了城市吸引力。潘安湖国家湿地公园,见图6-18。

(a)

(b)

图 6-18 潘安湖国家湿地公园

(c)

(d)

图 6-18（续）

一些废弃的矿井设施或关闭的工业广场等建筑物、构筑物，一般都见证了其所在矿区及城市的发展。通过对这些设施和场所的空间形态、立面形式、内部功能、环境景观等方面的保护、修复以及再开发，将之改造成博物馆、美术馆、办公、娱乐、住宅、会堂等形式，使之重新为城市服务，实现矿区活力的再生和文化的传承，增强矿区与城市之间的联系。德国鲁尔区矿区设施不同功能的改造，见图 6-19。

（3）加强矿区与城市生态一体化建设

矿区不仅具有一定的城市景观，往往还保留部分农村景观，在进行矿区生态

(a)

(b)

(c)

图 6-19 德国鲁尔区矿区设施不同功能的改造

更新时必须保护好地区内的这些自然资源景观,在此基础上,充分利用矿区特有的设施和文化,提升区域的生态环境与宜居水平,改变"城不城、乡不乡"的尴尬地区形象,实现矿城生态一体化,塑造成城市新亮点。

首先,要将矿区与主城区作为一个整体综合考虑,建立一体化的生态廊道与生态节点,合理组织矿区现有绿地以及生态修复形成的开敞空间,与城市形成相互联系贯通的点、线、面式的生态廊道网络。其次,从矿区内部来说,提倡人与自然的有机统一、注重以人为本的原则,丰富矿区生态绿化系统和公共休闲体系,改善矿区环境。最后,利用矿区再利用和城市空间重构的机遇,促进低碳发展,在社区建设、建筑改造、生态修复乃至社会与经济结构等方面都提倡生态开发模式,探索由矿业城市向生态城市的转变。传统型与生态型开发模式比较,见表 6-1。

表 6-1　传统型与生态型开发模式比较

类型	传统型（利益驱动）	生态型（社区驱动）
目标	获得最大利润	满足社区要求
途径	土地投机、出于私利	土地培育、社区授权
资金来源	任一方式——大多为有利润产出的银行	合乎伦理的投资与地方兑换贸易系统——资金返还到社区
材料来源	任何"方便的"——市场驱动、出于私利、资金密集型	慎重选择——健康、利于环境、地方性、劳动密集型
政治	排他的、权宜之计的、以自我为中心的	包容的、道德的、开放的、以生态为中心的
经济	自然和人是为经济服务的	经济是为社区和生态服务的

6.2.3.5　文化更新

文化往往是一个城市的灵魂所在，近年来，各个地区、城市相继注意到文化对于城市发展的巨大潜力，竞相制定城市的文化发展战略并且加大了政府对于文化建设的投资。矿区文化是矿业城市多样化文化中的重要组成部分，然而在城市建设快速运转和加速转型的影响下，许多矿区文化正在逐渐消逝。资源枯竭型矿区要利用其在城市中独有的发展优势，通过文化和艺术带动整个区域的复兴，为矿区注入活力，延续城市历史文脉。资源枯竭型矿区文化的再利用强调矿城文化（矿区与城市文化）、新旧文化的融合，在传承矿区传统文化的前提下适度融入一些时代文化，具体可通过整体和局部两个层面实现矿区物质实体的更新。

（1）建设文化设施

通过文化设施的建设可为矿区和城市文化活动的举办创造条件，从而提升矿城文化品位，增加城市内涵，扩大城市的影响力，以此来吸引文化旅游、商业、服务业等行业，带动矿区文化更新。另外，也可建设一些娱乐设施、教育设施和开放空间等。四川嘉阳煤矿办公楼改建的博物馆，见图 6-20。

对于文化设施的建设可采取两种方式：① 完全新建，这类方式较为简单，利用矿区中闲置土地进行重新开发，在建设过程中应注意建筑形态、建筑色彩等与矿区和城市原有环境的协调，注重矿区文化的表达。② 局部改建，即对矿区内原有的具有特殊文化价值的建筑进行改造。采取这种方式时，应首先通过实地踏勘、调研的方式对矿区内的建筑物进行价值评级和建筑质量分析，综合评定其历史价值、文化价值、艺术价值、经济价值等。之后，可采用遵循原貌、新旧协调

(a)

(b)

(c)

图 6-20 四川嘉阳煤矿办公楼改建的博物馆

或新旧对比等更新手法，在保留原建筑所蕴含的文化精髓与特质的同时，引入现代文化元素，实现矿城文化的延续和融合。

（2）延续历史肌理

再利用不是全部"推倒重建"的文化更新，它注重空间和文化的和谐延续及有机统一。因此，矿区整体历史肌理是矿区进行更新的宏观线索。历史肌理的延续是矿区保持原有形态的重要保障，它可以限定矿区内建筑改造的统一，提供较为整齐的空间界面，形成较强的整体场所感，增强矿区居民的归属感，强化矿区文化氛围。

① 保留与强化矿区原有道路骨架，突出展现其工业生产流程的构图特征，并适当引入绿地与广场，与原有建筑与构筑物共同构成"点线面"的空间肌理，形成矿区整体认知地图与体验空间。② 通过保留改造或新建的方式，模拟矿区工业生产流程和矿工活动场景，让参观者可进行动态的体验，强化参观者对矿区文化的感知。③ 通过对矿区标志性建筑、特征性植物、矿产设施、产品设备、企业文化标识等资源的更新利用，打造矿区景观节点，展现矿区独有的文化属性，延续矿区历史肌理。

（3）发展文化产业

未来经济发展的重要方向之一是文化产业，利用矿区现有矿井设施、工业建筑、工业废弃地等资源，在传统第二产业的基础上培育文化产业、创意产业和媒体产业，以产业化和商品化的模式来发展文化。建设文化产业区是通过文化生产来促进城市可持续发展的一种方式，文化产业的发展能够吸引一系列的文化消费活动，在一定程度上带动餐饮业、娱乐业、服务业的发展，最终带动房地产业和旅游业的兴起，逐步形成较为完整的产业链，给矿区和城市带来较大的规模效应和经济效益。

6.2.3.6 体制更新

矿业城市双二元体制是形成矿、城、乡分离的根本原因，矿区与城市"各自为政"，势必使矿区产生管理多头化、各利益主体间利益冲突、公众参与缺失、规划编制与实施控制脱节、资金缺失而导致更新终止等问题。资源枯竭型矿区的体制更新就是要破除城市与矿区中阻碍社会开放和融合的不利因素，加强政企合作，共同建立一个公平和谐、协同发展、利于不同阶层交流融合的氛围，推动矿区融入城市。关闭矿井的体制更新框架，见图6-21。

（1）建立规范的政策与规划体系

矿区的再利用离不开政府的组织、管理与支持，政府应该采取积极主动的态度，通过政策制定、经济奖励等各种调控手段引导矿区再利用合理有序地开展。

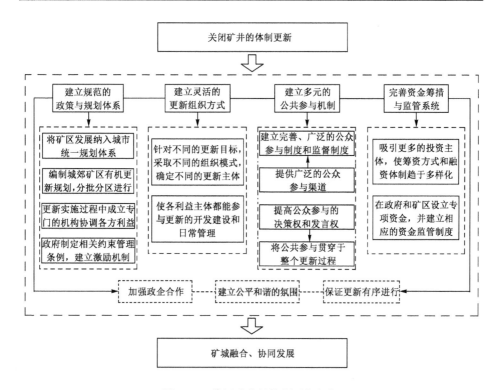

图 6-21　关闭矿井的体制更新框架

首先,城市政府部门和矿区管理部门应有前瞻性地对矿区再利用进行研究,通过整合各方要素,将矿区发展纳入城市统一规划体系中,及时编制城郊矿区再利用规划,科学引导矿区的更新行动。政府应根据城市总体规划的框架内容、矿区自身更新基础、难易程度、资金需求等因素,制定分阶段、分区域、渐进式更新的计划,利用土地动态增值,为政府和矿区获取更多的收益。其次,城市规划并非只是理想蓝图设计,更为重要的是如何付诸实践。在更新实施开发过程中,政府和矿区企业应成立专门的机构,对项目进行管理,协调各方利益。最后,政府应该制定相关的条例和实施细则,增强对开发建设的约束和控制,并建立一定的奖励机制,鼓励矿区在更新时能提供更多的公共活动空间,增设文化、教育、卫生、体育等公共服务设施,完善城市功能。

(2)建立灵活的更新组织模式

矿区更新涉及政府、矿区企业、开发商等不同参与主体。矿区更新中,应通过建立灵活的更新组织模式将单独的、个体的行为组织在一起,形成一定的合作组织,使每个人都能参加到更新的开发建设和日常管理中。另外,可针对不同的再利用目标,采取不同的组织模式,确定不同的更新主体,以保证更新的有序、有效进行。资源枯竭型矿区土地再利用的组织模式,见表 6-2。

表 6-2　资源枯竭型矿区土地再利用的组织模式

置换用地类型	组织模式
城市居住用地	可由矿区企业自行开发,也可鼓励开发商的参与
娱乐康体、商业服务设施用地	矿区企业自行开发或采取市场模式,公开招标,由开发商主导建设
教育、医疗、文化设施	矿区企业主导建设,政府给予政策、财税等支持或由政府统一组织建设
供应、环境、安全等城市公用设施用地城市道路、交通设施	政府有偿收回土地后,结合城市总体规划,由政府统一组织建设

　　例如,在资源枯竭型矿区土地再利用中将矿区土地置换为城市居住用地、娱乐康体、商业服务设施用地的,可由矿区企业自行开发,也可积极鼓励开发商的参与或采取市场为主的模式,在对矿区进行补偿的基础上,由政府依法收回国有土地使用权,公开招标拍卖土地;对于利用矿区厂房、矿井设施等用于发展文化创意产业或将矿区土地开发为教育、医疗设施用地时,可由矿区企业主导建设,但政府应给予政策、财税方面的优惠,也可在政府有偿收回土地后由政府部门组织建设;但对于将矿区土地用于供应设施、环境设施、安全设施等城市公用设施用地及城市道路、交通设施用地的则应由政府结合城市总体规划统一组织建设。另外,对于矿区产业结构调整升级,政府应大力引导支持,鼓励矿区企业自行更新,促使其发展和集聚。

　　(3)建立多元的公众参与机制

　　资源枯竭型矿区具有复杂性和复合性的特征,在其再利用的过程会影响到政府、开发商、矿区企业和社会大众(矿区居民、周边农民及城市居民)等多方利益,而一个成功的再利用就是要寻找到各方利益的平衡点,同时确保资源的合理利用和更新目标的实现。因此,在资源枯竭型矿区土地再利用的过程中,必须建立公平、公正、公开多元的公众参与机制,提高公众参与度,使公众在更新过程中能够进行实质性的参与,切实维护各方利益与需求。

　　① 建立完善、广泛的公众参与制度和监督制度,发挥矿区自治和自我管理的积极性,促使更新体制向公开、透明的方向发展;② 提供广泛的公众参与渠道,如通过专家咨询讨论和评审更新规划,召开公众和相关机构的研讨会、听证会和辩论会,利用网络、电视、报纸、广播等媒体及时参与项目公示和更新过程,

建立民间组织和社区组织的参与平台,鼓励公众提出建设性意见等;③ 提高公众参与的决策权和发言权,不能让公众参与仅流于形式,而且应将公共参与贯穿于整个更新过程。

（4）完善资金筹措和监管系统

在资源枯竭型矿区再利用中,矿区要利用其在城市中的地位和影响力,吸引更多的投资主体,不断探索和完善资金筹措方法,使筹资方式和融资体制趋于多样化,以保证项目顺利进行。当然,政府在经济、财税等方面的优惠政策是矿区再利用过程中必不可少的推力,一方面要运用激励政策为矿区吸引更多社会资本的投入,另一方面要进行一定的资金支持以维护公众利益。同时,政府和矿区都应设立专项资金,并建立相应的资金监管制度,保证更新中各项程序有条不紊地进行。

本章在前述研究的分析基础上提出资源枯竭型矿区土地再利用时要以有机整体、和谐延续、循序渐进、以人为本、集约高效为原则,以实现矿区与城市有机融合、促进矿区与城市经济振兴、提升社会和谐活力、改善生态环境形象、延续矿区与城市特色文化为再利用的目标,最后从产业、功能、空间、生态、文化以及体制几个方面探讨其土地再利用的具体策略。

资源枯竭型矿区土地再利用要面对的不仅仅是建筑或者环境,应该考虑产业、功能、空间、生态等多方面的因素,制定综合的更新策略,完善更新管理体制,只有这样才能使矿区空间发展更为合理,产业结构进一步优化,矿区生态环境得以改善,为矿区开辟一条可持续发展的、矿城协同的道路,创造一个充满城市生活气息、文化内涵深厚、具有吸引力的区域,实现矿区与城市的融合和一体化发展。

7 资源枯竭型矿区土地退出与再利用案例分析

7.1 晋煤老三矿:未雨绸缪求发展,老矿转型再起航

7.1.1 矿区概况

原山西晋城无烟煤矿业集团有限责任公司(简称"晋煤集团")古书院矿、凤凰山矿、王台铺矿,俗称"老三矿"。古书院矿位于晋城市区北部,凤凰山矿、王台铺矿位于北石店镇(见图7-1)。"老三矿"均有近60年的煤炭开采历史,随着资源逐渐枯竭,"老三矿"先后关闭,昔日热火朝天的独立工矿区因之呈现出一片衰败的景象。与此同时,晋城市的城市空间在城市化快速发展的背景下,不断扩张,原先位于城郊接合部的古书院矿和城市郊区的王台铺矿与凤凰山矿逐渐被纳入城市建设发展区。因此,如何从开采地下的"乌金(煤炭)"转向挖潜脚下的"黄金(矿区土地)"成为晋城市政府和煤炭企业等相关方关注的重点。晋煤集团未雨绸缪,持续推进老矿改革转型,不仅改出了新思路,也转出了新天地,打造出更有质量、更有活力、更加健康的"新名片",通过开放合作、引资引智等多种举措,将老矿转型与新兴产业紧密结合,着力推动一批战略性强、引领性强的项目落地见效。"老三矿"又再次启航,为资源型城市推动经济结构战略性调整贡献"晋城样板"和"晋城经验"。

7.1.1.1 古书院矿:文化旅游"新名片"——由管理资产向经营资产转变

建于1958年的古书院矿,是山西晋城无烟煤矿业集团有限责任公司的首座矿井,也是中国为数不多的紧邻城市中心的大型产能退出矿井,于2017年11月正式关闭。古书院矿位于主城区的西北部,矿区周边有城市主干道——景西路、北环路和建设路,城市次干道——书院街,拥有良好的外部交通条件。在古书院矿的周边,更有北宋著名教育家程颢设立的程颢书院、文昌阁等历史建筑保留至今。不仅如此,古书院矿还拥有相对优良的产业转型基础,所属的万德福超市和白马绿苑生态园发展前景良好,具备一定的经济效益。因此,无论是位置及文化底蕴,还是产业基础,均有着传统煤矿向文化旅游产业延伸的优势。

面对山西发展全域旅游战略机遇,2018年3月,晋煤集团积极牵手知名民

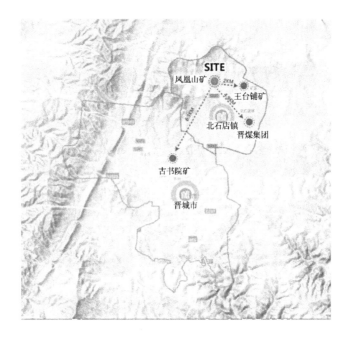

图 7-1　晋煤老三矿区位图

企,依托老矿地面存量资源,探索"煤炭＋文化＋旅游"的跨界发展模式,通过整合太行风情、能源工业、古堡文化、旅游演艺等多种跨界元素,致力建成山西晋城地区极具特色的文化旅游城,将其打造成资源型经济转型新生的典范。目前,项目建设正在有序推进中,其中一期工程的华谊星剧场将于 2020 年年底具备试运营条件,工业主题乐园项目也启动建设。

7.1.1.2　王台铺矿:新兴产业"新名片"——由传统产业向新兴产业转变

王台铺矿位于北石店镇东部,距离主城区较远,但对外交通便利,与多条城市主干道相连,矿内铁路连接国铁太焦线,靠近新建高铁站。现状土地利用以工业用地为主,除煤炭生产建筑外,矿区北部大面积设置厂房,主要对外出租使用,居住区管理已移交地方政府,土地性质相对单一。王台铺矿周边基础服务配套设施较为完善,能够满足周边居民的基本生活服务需求。

随着煤炭资源的枯竭,在"煤炭去产能"政策推动下,作为晋煤集团"老三矿"之一的王台铺矿于 2017 年 11 月正式关闭。矿井关闭之前,王台铺矿就将目光向外,积极寻求跨界合作。王台铺矿充分盘活铁路运输等优势资源,本着"优势互补、平等互利"的原则,于 2018 年 4 月与北京中盛建材有限公司新兴产业合作正式签约,围绕高铁节能装配式建筑围护系统、复杂空间金属天花系统、环保节能保温保冷、隔音降噪新材料等项目展开合作,致力于打造国家政策倡导的新兴产业基地。这也是晋煤集团积极承接京津冀产业梯度转移引入高新产业、注入发展活力、实现老矿新生的有益探索。

王台铺矿盘活老矿资源、开展跨界合作,为企业推进混合所有制改革、打造"国企实力＋民企活力＝市场竞争力"发展模式进行了有益尝试,提供了经验样板。

7.1.1.3 凤凰山矿:服务培训"新名片"——由卖产品向卖服务转变

凤凰山矿作为晋煤集团"老三矿"之一,是一座大型现代化矿井。距晋城市区约 10 千米,位于白马寺森林公园北麓,处在优质无烟煤资源储量丰富的沁水煤田东南边缘。1995 年,李鹏同志在凤凰山矿视察时,肯定凤凰山矿的环境治理,称其为"花园式矿山"。矿区基础设施齐全,现状土地利用以工业用地为主,居住用地、商业服务业设施用地、文化设施用地等连片成区,使用现状良好。

因资源枯竭,凤凰山矿也面临矿井关闭、发展动力不足的困境。在晋城全力打造成山西省康养产业发展样板的背景下,凤凰山矿以教育和环境的资源为基础,通过对凤凰山现有资产、设施的改造和接续替代产业的发展,打造以教育培训为动力引擎,餐饮物管、康养产业为抓手,研学旅游为辅助,与城市功能相融合,具有晋煤特色的集教育培训产业、康养产业、餐饮物管、研学旅游于一体的教育特色小镇,凤凰山矿也由"以煤为主"转向"跨界发展、多元复合"的城市街区。以"教育小镇"为核心,空间布局上与城市道路主动对接,打破原有封闭的空间形态,空间再开发后功能分区布局合理,具备新的使用功能,形成新的产业形态,从长远发展来看,凤凰山矿将会形成以点带面的发展趋势,使矿区和周边区域在产业发展的基础上实现空间上的联动和融合,成为晋城市新的经济增长极。

从无到有、从小到大、从弱到强是凤凰山矿发展培训教育产业十多年的真实写照。为真正把培训教育产业做出特色,形成规模,打造成为老矿转型发展的一张亮丽名片,凤凰山矿采取了整合资源、合作建校等发展渠道。如今的凤凰山培训教育产业已经发展成为一个集培训教学、井下实训、拓展训练和后勤保障于一体,功能完善、设施齐全、师资力量雄厚、具有鲜明矿业特色的专业化培训机构。2019 年,凤凰山矿先后成功承办晋煤集团及周边企事业单位各类安全、业务培训累计 30 000 余人次,累计接待井下实训 15 000 人次,完成拓展训练 20 000 余人次,品牌效应逐年提升,在周边县市及煤炭类高等院校中具有较高的知名度和影响力,实现了社会效益和经济效益的双丰收。

7.1.2 土地利用现状和权属关系

7.1.2.1 古书院矿

古书院矿土地利用主要围绕煤炭主业,以工业用地为主(见图 7-2)。为满足职工的居住和生活需要,古书院矿先后建立了四个居住区,配套性地建设了职工活动中心、职工俱乐部、游泳馆等文化体育场所以及医院、煤气减压站、加气站等基础设施。古书院矿土地利用主要以工业用地为主,其他用地为辅(见表 7-1)。

图 7-2 古书院矿土地利用现状

图例:居住用地 公共服务用地 市政工程用地 物流仓储用地 工业用地 绿地 水域 古矿用地范围

表 7-1 古书院矿不同功能用地统计

地类用途	占总用地面积百分比/%
工业用地	74.0
城镇住宅用地	21.3
教育用地	1.6
医疗卫生用地	1.9
交通用地	0.6
批发零售用地	0.6
总用地面积	100.0

古书院矿共有土地 30 宗,其中划拨土地 9 宗,占总用地面积的 25.0%;授权经营土地 20 宗,占总用地面积的 74.4%;出让土地 1 宗,占总用地面积的 0.6%(见图 7-3 和表 7-2)。

[⌐ ⌐]古矿用地范围　▨授权经营土地　▨划拨土地　▨出让土地　▨水域

图 7-3　古书院矿土地权属

表 7-2　古书院矿土地使用类型统计

使用权类型	占总用地面积百分比/%
划拨土地	25.0
出让土地	0.6
授权经营土地	74.4
总用地面积	100.0

7.1.2.2　王台铺矿

王台铺矿位于晋城城区北石店镇东北侧,畅安路与东环辅路交界处西南方向,西王台村南侧。矿区分布有不同年代的工业设施、办公楼、工业厂房等建筑。王台铺矿区内建筑因矿井关闭其使用情况发生变化。经调研分析,矿区北侧建筑主要使用情况为外租，南侧为矿区办公用房等自用建筑。沿铁路线附近南部及东部区域为洗煤厂设施和原储煤厂，大多处于闲置状态（见图7-4）。

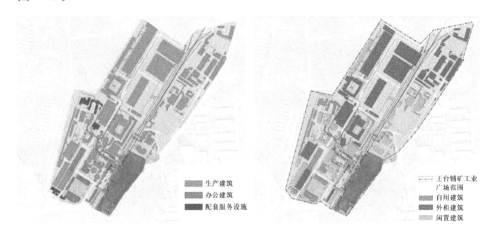

图 7-4 王台铺矿土地利用现状及建筑类型

王台铺矿共有土地有5宗，计335.64亩，分别为澡堂备件库、锅炉房、机厂库房、洗煤厂煤场、工业广场，为集团公司授权经营用地。项目规划主要利用王台铺煤矿工业广场用地，用地呈东北—西南走向，总面积约24.3公顷。

7.1.2.3 凤凰山矿

凤凰山矿土地总面积127.15公顷，规划总面积约为117.16公顷（含人民水库5.23公顷）。矿区基地现状土地利用主要以工业用地及居住用地为主。文化设施用地、商业服务设施用地以及公园绿色主要围绕居住区周边分布。工业用地主要为煤矿生产区、部分企业用地以及南北风井；居住用地为凤凰山矿居民用地；文化设施用地为文体中心、职工俱乐部等用地；商业服务设施用地主要分布在凤凰东路两侧，包括商店、酒店等（见图7-5）。

凤凰山矿原状的功能主要为职工居住区、公共服务区、办公区、煤矿生产区、非煤生产区、植物园区、公园区（见图7-6）。

项目规划红线范围内土地使用类型分为划拨土地、划拨土地（被占）、授权经营土地、授权经营土地（被占）、租赁土地、无证土地和占用土地。其中，授权经营土地、授权经营土地（被占）、划拨土地、划拨土地（被占）、租赁土地、无证土地、占用土地分别占总用地面积的54.5%、1.3%、33.5%、1.0%、7.7%、1.3%、0.7%，见表7-3。

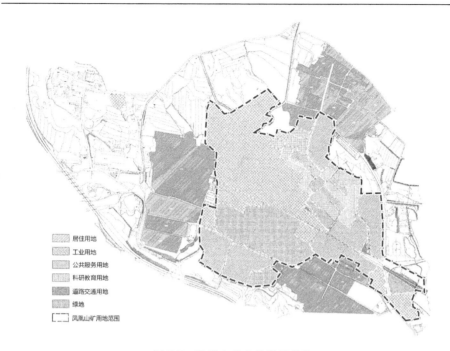

居住用地
工业用地
公共服务用地
科研教育用地
道路交通用地
绿地
凤凰山矿用地范围

图 7-5 凤凰山矿土地利用现状

东上村

职工居住区
公共服务区
办公区
办公区
非煤生产区
煤矿生产区
公共服务区
职工居住区
公园区
职工居住区
植物园区
职工居住区
非煤生产区

大车渠村

窑头村

图 7-6 凤凰山矿原状功能分区

表 7-3　凤凰山矿土地使用类型统计表

使用权类型	占总用地面积百分比/%
授权经营土地	54.5
授权经营土地(被占)	1.3
划拨土地	33.5
划拨土地(被占)	1.0
租赁土地	7.7
无证土地	1.3
占用土地	0.7
总用地面积	100.0

7.1.3　土地退出的方式和路径

在资源枯竭型矿区土地改造的过程中,政府部门和原土地使用权人作为"理性经济人",都会尽可能地从自身角度争取最大利益。政府部门作为土地的规划者,一般从城市发展的角度去赋予土地功能;而原土地使用权人作为土地的原使用者,为自身的长远发展,一般在综合考虑自身能力及产业发展方向的基础上重新对土地进行定位。为了对矿区土地改造作出科学合理的指导,需要根据矿区土地的实际情况及其原土地使用权人长远的产业发展规划,根据不同的情况选择合适的改造方式。

基于政府与企业的矿区土地改造博弈,对于低效用地的原土地使用权人,政府并不能强行采取行政手段或以随意毁约的方式迫使原土地使用权人放弃土地使用权,而是需要通过经济与行政手段相结合的方式来给这些原土地使用权人提供"通路"。该"通路"需要具备以下三个特征:① 需要政府政策激励,发挥市场机制作用。矿区土地改造涉及多个行为主体,并且存在一定的技术难度和市场风险,需要依托政府的宏观调控和协调组织,提供合理的土地政策。② 以规划为指导,矿区土地改造及其激励措施的设定都必须符合城市总体规划,遵循工矿区控制性详细规划,落实产业发展规划,促进产业升级等。③ 以提升土地利用效率为目的,通过矿区土地的改造,优化土地利用结构,提升土地利用强度,提高土地利用效率。

7.1.3.1　通过土地置换获得补偿,为矿区转型发展提供基础

晋煤集团根据自己的发展战略及产业发展情况,结合城市发展规划,将闲置、即将闲置或利用效率低下的矿区土地与政府协商进行置换,顺应城市发展和

建设,结合城市规划发展,策划自身未来产业。晋城老三矿"退二进三"发展第三产业,政府部门在对退出的矿区土地进行测算估价后,按照收购土地的补偿价格或置换取得土地的价格,按所在片区现行工业用地基准地价的某一比例进行补偿。同时,晋煤集团享受资产评估增值、土地变更登记及国有资产无偿划转等方面的税收优惠政策。

7.1.3.2　成立项目公司,通过招拍挂的方式取得土地使用权并改变其功能

在资源枯竭型矿区土地退出过程中,为将矿区内的工业用地转为商业、旅游、娱乐和商品住宅等各类经营性用地,晋煤集团成立了相应的项目公司,通过招拍挂的方式重新取得土地使用权。

7.1.3.3　在原有矿区土地基础上进行改造,充分盘活存量资产

晋煤集团既具备对晋城老三矿进行改造的能力,又保证了晋煤集团对晋城老三矿新的发展方向与晋城市政府对矿区土地的新规划相契合。此外,由晋煤集团对晋城老三矿现有闲置土地进行改造,既符合晋城市政府盘活土地,促进经济发展的诉求,又能为晋煤集团的长远发展带来新的生机。晋煤集团在面临晋城老三矿矿区土地退出时选择矿区土地改造这一路径。

7.1.4　土地再利用的规划策略

7.1.4.1　古书院矿拓展城市空间,打造新的城市街区

古书院矿存量土地资源的再开发是发挥了政府和市场两只手的联动作用,多角度、多方位吸引市场投资主体,并积极鼓励原煤炭企业和社会公众参与,实现资金、技术、人才的强强联合,建立多样的开发模式。

（1）政府规划引导

晋城市政府在规划引导方面主要做了三项工作:① 积极监督并鼓励支持晋煤集团存量土地的盘活工作,通过对古书院矿存量土地资源进行盘点与评价,结合晋城市总体规划和城市发展的要求,进而分析古书院矿土地区位条件和价值,与晋城市发展进行对接。② 落实"实现古书院矿工业用地的有效开发和城市空间的整合与拓展,在完成古书院矿转型发展的同时,为古书院矿的发展注入新的活力"的规划思想。③ 根据"充分利用古书院矿现有土地资源,整合周边土地资源,通过有效的置换、整合、盘活工业存量土地"等方法,调整古书院矿土地使用功能,将古书院矿定位于晋城市创意文化、生态居住、商务办公示范新区,从而实现古书院矿经济平稳转型和人员分流,以及古书院矿片区对城区的全面融入。古书院矿土地再利用规划导向,见图7-7。

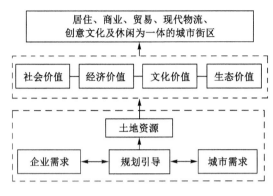

图 7-7　古书院矿土地再利用规划导向

（2）"企业＋市场"综合开发改造

古书院矿存量土地资源的开发利用与矿区环境改善、城市品质提升有效结合,在总体规划引导下,以晋城市整体功能布局优化为基础,由单纯注重城市物质空间的改善转向关注城市竞争力提升、改善城市人居环境、提供更多就业岗位以及促进社会和谐进步。通过恢复性、保护性和创造性的规划设计,将古书院矿打造为集居住、商业、贸易、现代物流、创意文化以及休闲为一体的城市街区。山西晋城华谊星剧场规划效果,见图 7-8。

图 7-8　山西晋城华谊星剧场规划效果

7.1.4.2　王台铺矿依托铁路资源,打造物流集聚园区

在充分分析王台铺煤矿区位环境与资源配套的基础上,依托中原经济区巨大的物流潜在市场需求,通过引入在全国范围内领先的物流园区的运营模式与管理模式,最终形成了集新型建筑材料等大宗生产资料的交易、加工、仓储、配

送、期货交割、电子商务、供应链金融为一体的大型现代物流园区,大幅度改善和提升晋城市的物流服务体系,促进晋城市现代物流业的快速发展,致力成为晋城市的龙头大宗货物物流企业。

结合晋城市及中原经济区经济发展的需要,顺应晋城市政府"大力发展商贸物流业"的城市经济发展总体要求,以现代物流服务为切入点,围绕"资源整合、平台打造、模式创新、典型示范、服务产业"的指导原则,依托王台铺矿的铁路资源,通过整合供应链上下游资源,将晋城市铁路物流园打造成服务晋城、承接中原的经济区。以新型建筑材料等大宗工业产品物流服务为核心、拓展化肥等生产资料集散服务,最终形成了集交易展示、金融服务、信息服务、物流加工、货运配载等为一体的大型现代物流集散中心,规划形成大型机械设备物流仓储中心、新型建材物流仓储中心、化肥集聚区、快递集散中心以及其他配套区(见图 7-9)。

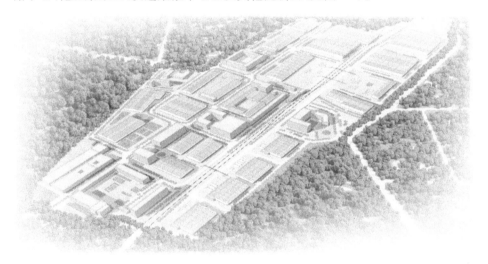

图 7-9 山西晋城铁路物流园规划效果

7.1.4.3 凤凰山矿扩大培训基地,打造特色教育小镇

在依托凤凰山矿现有教育资源和医疗资源的基础上,凤凰山矿的改造以"校在城中、城在园中、园在校中"为规划理念,通过对凤凰山矿资产、设施的改造和接续替代产业的发展,打造以教育培训为动力引擎,餐饮物管、康养产业为抓手,研学旅游为辅助,与城市功能相融合,面向山西省、辐射中原地区的具有晋煤特色的教育小镇。

根据凤凰山矿原有土地现状和产业布局,结合相关规划和企业发展战略,统筹安排和规划矿区多种资源,并进行资源要素整合利用,完善资源优化配置,结合城市功能,科学定位,整体规划。综合考虑晋煤大学、凤凰实业公司和润宁公司产业规划,并依托凤凰山矿地理、交通等优势,通过对凤凰山矿现有的办公、娱乐、公寓、仓储、人力、工业建筑等资源进行整合,充分挖掘凤凰山矿教育及康养特色,力求强调紧凑布局,将规划范围划分为综合教育培训区、智慧康养区、信息智慧产业区、生态居住区和职工生活区等,实现凤凰山矿资产盘活、人员分流、老矿转型发展(见图 7-10)。

(a)

(b)

图 7-10 凤凰山矿鸟瞰图及节点设计

7.1.5 原煤炭企业为主导运作模式

晋煤老三矿土地退出与再利用运用原煤炭企业主导土地再利用模式。该模式运作主体为煤炭企业,由其作为矿区土地再利用发起者,同时也是矿区土地再利用规划、运营实施主体,即负责矿区土地"统一立项、统一规划、整体保护整治、综合开发改造"的具体工作。此时,政府在宏观上制定矿区土地再利用发展战略规划,市场在微观上实施矿区土地再利用发展战略。

7.1.5.1 开发流程

由煤炭企业出资入股成立股份有限公司,委托土地资源管理公司,共同合作负责矿区土地整理工作。在此基础上,引入市场机制,在矿区土地战略规划指导下,将土地进行出让,或者协议出租给开发商,由其负责矿区土地部分开发建设和运营,同时,煤炭企业保留自营权。以煤炭企业为主导的矿区土地再利用模式,见图7-11。

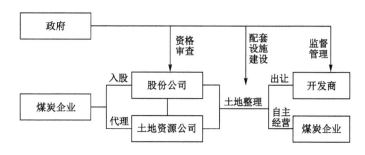

图 7-11 以煤炭企业为主导的矿区土地再利用模式

7.1.5.2 模式特征

因矿区内建筑既有需拆除重建的非保护或非保留建筑,又有因需要保留建筑特征而无法纳入土地收储的建筑,故面临土地使用权获取和项目立项与审批管理流程之间的矛盾。以承载社会职能较重的煤炭企业为主导,实施"统一立项"以简化审批流程;政府发挥调控作用,能够降低资源的浪费和闲置;引入市场机制,使民间闲散资本得以利用,有利于降低政府压力,并可提高矿区土地再利用效率。并且,在保障自身权益的同时,极大程度地维护了矿区居民的利益,促进了经济发展和社会稳定。

(1)古书院矿以晟泰公司为发起者,组建项目公司转型发展现代服务业

古书院矿开发项目由晋煤集团晟泰能源投资有限公司(简称晟泰公司)作为项目发起者,其全资子公司古书院工贸公司联合其他市场主体以及政府直属国有机构组建项目公司。项目的权益资金除股东投入的资本金外,积极争取政府的相关补贴及优惠政策。现代服务业作为古书院矿转型发展的主导方向和优势产业、特色产业,打造成为晟泰公司高质量发展的经济增长极。统筹生产服务

业、生活服务业与文化旅游业"三驾马车",一体推进、联动发展。

(2) 王台铺矿整合供应链企业资源,通过企业集聚转型发展现代物流业

项目公司的组建通过引入其他企业资源整合,包括金融机构、物流企业、网络公司等,建立战略合作关系,借助其资金、管理、技术、品牌等资源优势,助力园区发展,实现跨地域的发展格局。具体运营业务由大型机械设备、新型建材、化肥、快递集散中心、其他配套等五大块组成。王台铺矿土地再利用模式,见图 7-12。

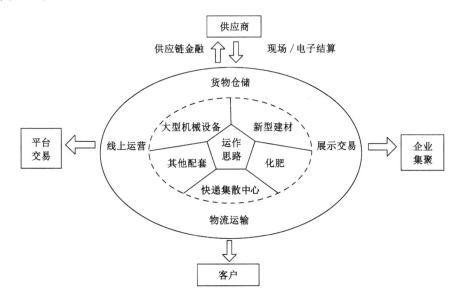

图 7-12　王台铺矿土地再利用模式

(3) 凤凰山矿推动项目公司龙头效应,构建总部平台转型发展教育康养业

凤凰山矿项目实施过程中,以凤凰山矿为主导,通过引入其他企业资源整合,成立项目公司,建立战略合作关系,借助其资金、管理、技术、品牌等资源优势,助力改造区域发展,实现跨区域的发展格局。项目公司以龙头效应、总部"平台"经济为发展特色,建立服务平台,联合周边教育、卫生和养老资源,打造教育、康养专业市场,促进产业升级与市场新型业态的融合。凤凰山矿的转型发展同周边乡村、乡镇联合起来,推动片区内教育、康养产业集聚,同时瞄准总部"平台"经济,建立数据平台、服务平台、交易中心等,以此为特色,延伸产业链,打造创意链,提升价值链,增强核心竞争力。

7.1.6 再利用效益分析

7.1.6.1 古书院矿

古书院矿存量土地再利用过程中,各利益主体的目标追求都是为了提高自身的经济效益和社会效益,通过推动制度创新供给机制,不断追求自身效用最大化。

(1)增加建设用地储备,增强土地财政收入

对于晋城市政府来说,枯竭型矿区土地的再开发不仅可以为城市发展提供更多的建设用地储备,满足地区经济发展的要求,还能改善城市面貌,获得土地财政收入。

(2)矿区分享土地收益,实现自身转型发展

晋煤集团追求自身经营利益最大化,一方面希望土地储备开发获取较高的增值收益分配,另一方面希望寻求有条件的合作伙伴对集团内土地进行开发,从而分享土地增值收益,充分利用国家和地方的产业政策优惠和鼓励措施,实现自身的转型发展。社区居民得以在矿区转型后获得稳定的职业,生活水平得到提高,生活环境和居住条件得到改善。

(3)建成转型示范项目,推动旅游产业发展

晋城古书院创意文化旅游区已作为晋煤集团资源枯竭型矿井(古书院矿)高质量转型发展的示范项目,建成了辐射晋东南,集设计、咨询、文化传播、中介服务、教育培训、文化展示等于一体的创意文化产业高地,是大型文化旅游商业演艺综合体和创意文化旅游休闲基地。

7.1.6.2 王台铺矿

(1)带动当地经济增长,增强当地税收

王台铺矿项目投资规模较大,在投资建设过程中,与项目建设直接和间接相关的产业,产出直接经济效益,促进产值增加。另外,物流园区的集散条件可以有效吸引投资,带动当地地区生产总值增长8%,创税收9 000余万元。

(2)探索新型产业模式,增加就业岗位

物流园区的建成,必将带动运输业、仓储业、包装业、货代业和信息服务业等一大批相关产业的发展,其需要的人才是多层次性的;同时,物流产业是劳动密集型产业,随着物流园区依靠其优越的交通条件、高新的经济技术和完善的配套设施逐步发展成为当地的"增长极",物流园区所在地区周边的各种资源如资金、原材料甚至地方产业等都会被吸引过来,这样可以大量吸收各类人员就业,增加

就业岗位 600 余个。

（3）促进当地物流发展,发挥集聚效应

王台铺矿项目有利于完善当地物流服务体系,发挥产业积聚效应,加速当地物流商业氛围的形成,促进晋城市整体物流产业的发展,提升晋城市的物流竞争优势及城市地位。

（4）推动相关产业发展,优化产业结构

王台铺矿项目的运行,将对晋城市的相关产业产生巨大的推动作用。通过物流园区提供的专业化、个性化的服务可以满足流通及贸易企业对物流的需求,促进市场繁荣,产生规模效益。王台铺矿项目将有力带动当地建筑业、金融服务业、运输业、商贸流通等产业的发展,从而增加第三产业的比重,优化产业结构。

7.1.6.3　凤凰山矿

（1）带动当地经济增长,增强当地税收

凤凰山矿项目投资规模较大,在投资建设过程中,与项目建设直接和间接相关的产业,产出直接经济效益,促进产值增加。另外,通过教育培训提高了劳动者的文化水平,促进劳动生产率的提高,从而带动当地地区生产总值的增长。

（2）推动相关产业发展,优化产业结构

凤凰山矿项目的运行,将对晋城市的相关产业产生巨大的推动作用。以园区为专业市场的催生地,推动产业集聚与升级,满足本地区教育培训以及康养产业的需求,促进市场繁荣,产生规模效益。

（3）教育培训将人口包袱转化为巨大的人力资源

从需求方来看,教育市场有很大的潜力和拓展空间,可通过建设教育培训区来满足社会对教育的需求。只有有意识地引导相当一部分教育机构向产业化方向发展,才可能带动当地人力资本投资高潮的到来。园区的建成将为矿区转型后的离退休职工、当地剩余的劳动力提供更多的就业渠道,通过促进产业集聚的形成,扶持小微企业和民营企业发展,培育新的就业增长点。

7.2　阜新露天矿:矿区蝶变赛道城,政企合作树典范

7.2.1　矿区基本情况

新邱区是阜新市 5 个城区之一。新邱区开始采煤源于 1897 年,是阜新市第一锹煤开采的地方。经过近百年的开采,新邱区的煤炭资源在 20 世纪 80 年代

开始萎缩。2001 年国有大矿新邱露天矿破产重组,国家将剩余资源划归新邱区属地管理,资源进入残采期。2018 年年底,落实国家和辽宁省去产能要求,新邱区剩余的 10 家小煤矿关闭退出,全区 121 年的煤炭采掘史画上句号。作为阜新经济转型先导区,新邱区从此踏上了转型发展之路。

伴随着百年的煤矿开采结束,百年煤炭开采给新邱区留下了 1 座长 5 千米、宽 3 千米、平均深 100 米的露天矿坑;还有 2 座高达 40 米,占地 700 公顷的煤矸石山(见图 7-13)。煤矸石存量 5 亿立方米,超过全阜新矸石存量的四分之一。废弃露天矿坑及无序堆放的煤矸石不但占用了当地大量的农业用地和工业用地,而且当地的生态环境也遭到了严重的破坏。当地的地表水、地下水、大气、土壤均遭到了严重污染。地区路面扬尘严重影响着居民的身体健康,雨季时泥石流、滑坡随处可见,严重影响了居民的生命财产安全。

(a)

(b)

图 7-13 阜新新邱废弃露天矿修复前

7.2.2　土地再利用的规划策略

根据国家出台的《"一带一路"体育旅游发展行动方案(2017—2020 年)》《全民健身计划(2016—2020 年)》《中共中央 国务院关于加快推进生态文明建设的意见》《全国资源型城市可持续发展规划(2013—2020 年)》等有利方针政策,阜新市新邱区根据当地现状,制定了《阜新市新邱区环境治理修复规划方案》,确立了生态与环境修复综合治理项目,决定走生态恢复加废弃资源综合利用之路。阜新市新邱区在生态修复的基础上,对废弃矿坑进行综合开发利用。因挖矿而遗留的内部作业道路,露天矿坑沟壑纵横的独特地貌高低起伏的地形,加之原有的盘旋而下、坑洼不平的作业路,场地内高差大、土质松软,适合做越野比赛道路,阜新百年赛道城项目孕育而生。

阜新百年赛道城项目定位为打造集汽车竞技、体验、娱乐、科技于一体的阜新旅游新名片,以城市双修、城市中的赛道、赛道中的城市、多元主体的赛道集群为规划理念。从立项、规划、设计、施工,到后续运营,将以生态修复治理和城市功能修复并举的"双修"为首要任务,"辅"以将治理对象产业化研究与落地,促进产业转型,即"双修一辅"。

因地制宜、生态渗透、一轴一带、多元组合为阜新百年赛道城项目的规划策略。① 因地制宜:利用现有地形,将开采形成的深坑,作为特色赛道使用,平坦的中心区域置入新的功能。② 生态渗透:对整个片区进行生态修复,修复后的景观渗透整个片区。③ 一轴一带:设计了一条活力动线,动线作为片区活动轴沿着轴线布置各类功能组团。④ 多元组合:以赛事赛车作为产业核心,配合完善的旅游、文化、商业、服务等产业,多元化混合形成完整的社区结构。百年赛道城项目规划策略图,见图 7-14。

规划建设赛道项目可完成 12 条各种不同类型的主题赛道,包括汽车场地越野赛道、卡丁车赛道、汽车拉力赛道、摩托车越野赛道、漂移赛道等,打造全国地形最复杂、赛道种类最多样、赛事类型最齐全的"百年赛道城"。同时赛道城还将完善周边配套设施,将建成集装箱酒店、古罗马式露天剧场、酒吧一条街等。在冬季赛事休停期,将把赛道改建成滑雪场,既增加了地区税收,也使矿坑得到治理改造,满足周边民众娱乐需求。另外,赛道城周边建成了一条围绕赛道 3 大赛区的小火车项目,满足观众观看不同类型的比赛。百年赛道城项目全部完成时,在 30 平方千米的土地上将有一个集赛场核心区、文化旅游区、商业服务区、科技创新区等为一体的新型休闲娱乐区。同时,阜新百年赛道城项目全力推进矿山环境与生态修复综合治理方案实施落地,边治理、边开发,将废弃矿山变成绿水青山,变成金山银山,为资源枯竭型城市探索出一条创新转型发展的道路。

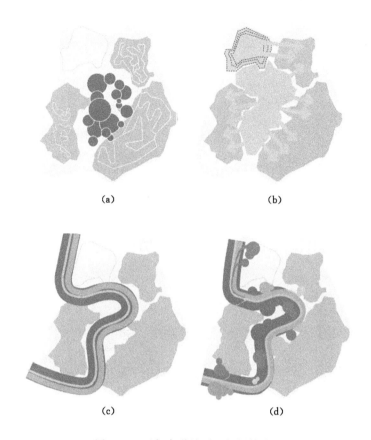

(a)　　　　　　　　　　　　(b)

(c)　　　　　　　　　　　　(d)

图 7-14　百年赛道城项目规划策略图

　　未来,阜新百年赛道城将具备承办全类型、全车种、全季节赛事的能力,打造中国赛道产业第一城,构建赛车主题文旅新目的地,成为中国赛车运动高地及一站式体验圣地,同时也是环境优美的生态新城。阜新新邱露天矿改造后的赛道,见图 7-15。

7.2.3　政企合作开发的运作模式

　　新邱区政府为推进赛道城建设,经过论证,决定以政企合作为主旨,PPP 项目模式为具体合作方式开展阜新百年赛道城项目,政府做好基础设施建设、土地规划、地方政策出台等支持方法,企业进行投资并实施项目具体内容。2018 年 9 月,新邱区政府与中科盛联公司联合成立国有控股企业——阜新百年赛道小镇运营管理有限公司。

　　废弃矿山土地治理项目的特点是:具有一定的公益性目的,工作复杂但是收

(a)

(b)

(c)

图 7-15　阜新新邱露天矿改造后的赛道

(d)

图 7-15(续)

益较少;地方政府财政资金紧张,而且其精力有限;社会私有部门不愿参加收益低的项目;很少有企业涉及专业化的环保和废弃矿山治理领域。因此,为了利用市场化方式推进矿山生态修复,吸引社会资本投入,国家近年来相继出台了多项激励政策。

在土地指标方面,主要涉及社会资本投入历史遗留矿山修复的情况。历史遗留矿山废弃建设用地或未利用地修复为耕地的,按有关规定验收合格后,可纳入补充耕地储备库,在省域内流转。社会资本可按有关规定或合同约定取得各类指标流转收益。

在历史遗留资源方面,主要涉及历史遗留露天开采类矿山的情况。因削坡减荷、消除地质灾害隐患等修复工程而产生的土石料,修复主体可以无偿用于本修复工程。确有剩余矿产资源的可对外进行销售,销售收益全部用于本地区生态修复。涉及社会投资主体承担修复工程的,应保障其合理收益。

在财税补贴方面,历史遗留矿山废弃国有建设用地修复后拟改为经营性建设用地的,可允许社会资本投入,并赋予其一定期限、一定比例的经营性建设用地使用权,分别签订生态修复协议与土地出让合同。修复后拟发展特许经营项目的,按照特许经营有关管理规定,修复主体可优先获得经营权,由修复主体获得经营收入。此外,政府还给予社会资本一定比例的税收补贴。

此外,在以往政企合作的废弃矿区生态修复项目中,大多仅是以"为修复而修复,为治理而治理"的输血式治理模式,较少有为废弃矿区植入产业的。同时,政府对社会资本这一参与主体的经济潜在诉求支持不足,导致社会资本投入的积极性不高,使得废弃矿区的修复始终难以吸引社会资本参与。引入 PPP 项目模式,通过多方参与、多方合作,共同解决城市建设发展面临的资金、社会和环境问题。矿山治理 PPP 项目模式结构,见图 7-16。

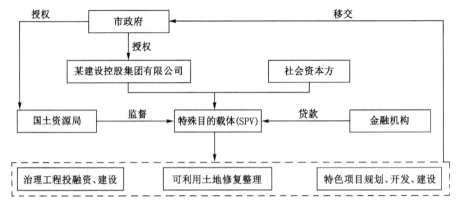

图 7-16 矿山治理 PPP 项目模式结构

在新邱区废弃矿区生态修复中,当地以政企合作为主导,以产业为引领,重新诠释"社会-生态"系统,做到生态修复与城市修补并举,确立阜新百年赛道城项目,引入赛车赛事,在利用原有地形地势打造赛车赛道的同时,完成对周边被破坏环境的治理,形成了以赛车赛事为核心,以旅游、文化、商业、服务等为延伸的产业链条。通过赛事的举办,吸引人流,助推当地基础设施改善工作,积极推进城区绿化、亮化、净化等各项工程建设,促使提升现有商贸、住宿、餐饮等服务水平,周边经济得以联动发展,实现自身造血生长。阜新百年赛道城项目产业发展系统,见图 7-17。

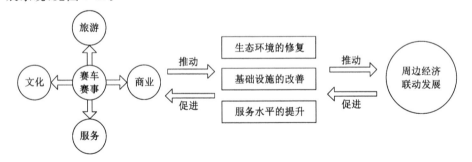

图 7-17 阜新百年赛道城项目产业发展系统

在阜新百年赛道城项目运作过程中,为了充分激励社会资本的积极性,以中科盛联为主导的社会资本进行阜新百年赛道小镇开发与周边基础设施建设。作为对于社会资本投资的回报,阜新百年赛道小镇及周边配套服务项目的经营收入归于社会资本,同时政府将给予社会资本一定比例的项目所引进园区企业的税收补贴,实现废弃矿区的生长式发展。阜新市新邱区这一生长式的政企合作治理模式,引进产业,变废为宝,充分激活废弃矿区的潜在动力,实现生态修复和产业转型的同步发展,破解了当地经济社会环境可持续发展的困境,同时使企业看到发展前景,坚定了企业的信心,为推进废弃矿山生态修复市场化运作提供了经验。

7.2.4 再利用效益分析

阜新市新邱区坚持产业先行、政企合作的矿山治理新模式,以混合所有制形式与中科盛联公司共同建设阜新百年赛道城项目,把政府的资源优势与企业的市场主体优势有机结合起来,在尊重市场规律的前提下,实现了废弃矿山的生态修复和开发利用。以赛事产业引领矿山治理,有效解决了废弃矿山治理"开头难"的问题;依靠政企合作,使资源项目化、项目产业化,吸引更多的社会资本来参与矿山治理。赛道城建设以及赛事开展所带来的赛事影响主要集中在以下五个方面。

7.2.4.1 生态效益

利用煤矿废弃矿坑建设赛道,不仅有效地消除了矿坑治理区内堆矿崩塌、地裂缝和地面塌陷等地灾隐患,还使新邱区的 2 个街道、5 个村远离地质灾害的威胁。同时,赛道城建设中所采用的环保科技土壤固化剂和抑尘剂,既不影响观赛效果,还有效地控制了矿区路面扬尘问题。

7.2.4.2 经济效益

赛事带动了阜新地区多项服务业和旅游业的发展,也改变了以往单靠政府"投钱"的生态治理方式,摆脱了"为治理而治理"的惯性思维,因地制宜,治废为宝,以产业为引领,通过政企合作,激发废弃矿山的内生动力,实现生态修复和产业转型的良性循环。

7.2.4.3 媒体效益

赛事期间,人民日报、新华社、中央电视台等中央媒体及各大网站分别对赛事和阜新、新邱矿山治理模式进行了集中报道。中央电视台体育频道直播收看人数达到 1.26 亿,所有媒体点击量在 5 000 万以上,使得阜新和新邱一战成名,这也让阜新市新邱区广大干部群众看到了转型振兴的新希望。

7.2.4.4 产业效益

建设赛道城,由传统煤炭采掘业向现代文旅产业发展,实现了产业转型的无缝对接。随着各类汽车赛事的成功举办,必将促进城市"双修"理念落地,从而拉动产业聚集。

7.2.4.5　民生效益

以赛事为契机,结合"五城联创",对新邱区进行全面改造。新邱区新增绿化面积 7 万平方米,新建和改造文化主题公园 10 个,对全区城乡环境进行综合整治,矿山生态修复治理成效显著。

通过对废弃矿坑科学的生态治理以及因地制宜的再利用,根据其原有地貌特征,建造出国内深具特色的矿坑赛道,其独特的地形与环境为赛车手们营造出激情喷薄的比赛氛围,阜新新邱赛道小镇逐渐成为阜新新邱的新名片。百年赛道小镇项目借助并助力国家"全民体育热潮",打造更大型、更多样的国家级、国际级赛事,使得沉寂已久的废弃矿坑重新沸腾起来,促进了生态效益、经济效益、媒体效益、产业效益、民生效益等的发展,带动了阜新能源枯竭型城市转型新经济增长点,成为推动阜新升级发展的动力源、引领资源型城市转型的示范点、繁荣中国赛车事业的新高地。

7.3　徐州权台矿:工业遗产变瑰宝,民营企业勇担当

7.3.1　矿区基本情况

徐州市位于江苏省西北部,是中国重要的矿业基地,也是江苏省唯一的煤炭资源型城市。经过长达一百多年的不断开采,煤炭资源日益枯竭。2012 年徐州市贾汪区被国家发改委、国土资源部和财政部确定为资源枯竭型城市。资源枯竭不仅影响了城市经济发展和企业生存,同时也导致许多矿业用地闲置。近年来,由于徐州市作为淮海经济区中心城市的地位提升,越来越多的人口涌入徐州市,城镇人口不断增加导致徐州市城市建设用地需求急速增长。为此,徐州市积极加快市区闲置土地整理,在保证基本农田数量的基础上,通过盘活存量土地,整治废弃土地来满足城市发展建设需要。

权台煤矿是国有特大型企业——徐州矿务集团的所属主力矿井,位于徐州市主城区东侧,距离主城区 24 千米,占地面积 1 174 亩(约 78 公顷)。权台煤矿始建于 1958 年,原设计生产能力 45 万吨/年,通过技术改造、挖潜提效,年生产能力达到每年 200 万吨以上,职工 7 000 人,创造过生产活动的辉煌,至 2016 年,由于接近开采年限,正式闭矿。权台煤矿是徐州市最晚一批关闭的矿井之一。企业停产后,工人社会化分流,曾经繁荣的工业场地开始进入闲置状态。闲置的工业广场是一种典型的"棕地",也是资源枯竭型城市独有的资源,能否对其进行有效盘活,是资源枯竭型矿区土地退出及再利用的重要课题,也是"城市双修"(生态修复、城市修补)国家战略背景下的典型命题。

7.3.2　土地利用现状和权属关系

矿区土地利用主要是工业生产用地,包括生产设备、仓储、车间等,具有完整矿区生产流线,改造潜力大。权台矿区铁路北侧和东入口南侧曾经是堆煤区,目前处于闲置状态。此外,原矿区周边还具有权台矿办公楼(经营性企业)、工人村以及学校、中小型超市等配套公共设施。权台矿区土地利用现状,见图7-18。

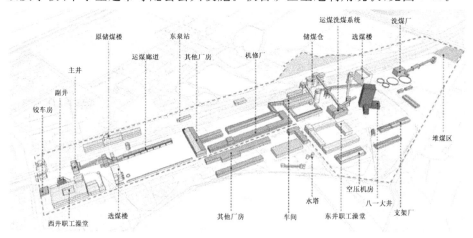

图 7-18　权台矿区土地利用现状

7.3.3　土地退出方式与路径

权台矿退出时采用了传统的土地退出路径。传统的土地退出方式是由政府对矿区土地进行收购储备、一级开发后再将土地使用权通过招拍挂的途径进行出让。构建多元化的矿区土地退出方式可以基于传统的土地收储,在收储方式、补偿手段等环节上进行改革,或者直接对矿区土地进行改造。

7.3.3.1　采用政企合作模式进行土地收储

2011—2018 年期间,政府共收储徐矿集团存量土地 4 000 余亩。如此之高的土地盘活效率得益于政企双方在共同开发存量土地资源方面一直保持密切的合作与充分的沟通。因为对于政府来说,煤炭企业参与土地退出后的开发过程可以最有效减少拆迁事件的发生,维持社会的稳定;对于煤炭企业来说,合作之后不仅可以获取更多的经济利益,还能够为企业的后续发展提供动力,同时有效地解决了职工的就业问题。

7.3.3.2　土地性质

在矿区土地退出过程中,恒大集团通过招拍挂方式将矿区土地拍下,将矿区内的工业用地转为商业、旅游、娱乐和商品住宅等各类经营性用地。

7.3.3.3　利益分配

权台矿土地用途改变,需要把该地块列入当地政府的土地储备计划,并采取公开上市的形式进行出让,当地政府和煤炭企业按 5∶5 的比例对所获得的土地净收益进行分配。用地主体由徐矿集团转为恒大集团,当地政府按净收入的40%的比例收取土地出让金。

7.3.4　土地再利用的规划策略

徐州权台煤矿工业遗址创意园作为“城市修补”的典型案例,与以马庄村为代表的“乡村振兴”、以潘安湖国家湿地公园为代表的“生态修复”,协同发展,创新性地构建了“三位一体”的资源枯竭型城市转型发展模式(见图 7-19)。权台矿补齐城市修补一环,重点打造文化、旅游、经济示范,为资源枯竭型矿区土地退出及再利用贡献出“贾汪样板”“贾汪经验”。

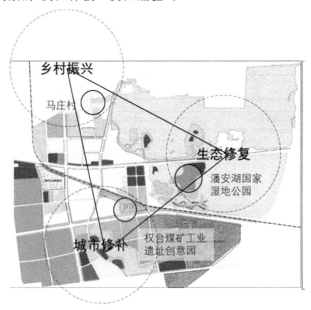

图 7-19　“三位一体”的资源枯竭型城市转型发展模式

7.3.4.1　挖掘资源文化,实现工业价值

权台煤矿工业遗址创意园作为煤炭工业文化遗迹改造,旨在保留贾汪区工业发展的历史记忆,树立资源枯竭型城市的产业转型界碑,实现独具一格的特色工业旅游文化和商业文化,并以根植于煤炭资源的特色文化引领马庄村乡村振

兴。首先,通过引进煤炭博物馆、体验式工业旅游等重点项目,传承和开发资源枯竭型地区因资源开采所形成的资源文化。其次,充分调动根植于资源文化的文化优势,发展城矿乡"文化+"新业态,实现工业文化与乡村文化等多类型业态的融合发展,实现工业文化的活态化、艺术化、体验化、文创化,提升了园区煤炭资源文化的影响力。

7.3.4.2 实施生态工程,弥补生态短板

在资源环境的约束下,经济发展与生态环境之间保持良好的关系是实现区域绿色可持续发展的关键。因此,权台煤矿工业遗址创意园转变发展思路,引入"两山"理论,矿区绿水青山的生态资本就是金山银山的经济资本,积极联动潘安湖采煤塌陷地生态修复,利用生态修复后的环境营造生态景观,开发生态景观新经济,以生态文明引领园区产业振兴。通过实施资源枯竭型矿区乡村生态补偿工程,修复马庄村生态环境,维护村民基本利益;通过实施资源枯竭型矿区生态治理工程和资源枯竭型矿区乡村生态搬迁工程,推进马庄村新型城镇化建设与农业现代化发展。

7.3.4.3 修补产业链环,构建产业体系

产业经济是权台矿区再次焕发活力的核心动力,对断裂的产业链环进行修补,构建新的产业体系。区域在矿井关停,原有经济动力无法续力的情况下,积极吸引恒大集团为主的社会资本投资,探索资源枯竭型矿区土地再利用的投融资渠道,利用城市空间的重构和资源枯竭型矿区特有的区位优势,发展现代物流、商业开发、现代服务等产业,实现矿区经济换血。权台煤矿工业遗址创意园抓住国家大力发展高新技术产业的良好机遇,有针对性地引进新型产业,促进园区以煤炭生产为主的单一内部结构的转变,实现矿产资源产业向非资源产业过渡、污染产业向生态产业过渡、单一产业向多元产业过渡、萎缩型产业向可持续产业过渡,最终使产业向更集约化、可持续化的方向发展,主动为城市发展服务,使矿区获得持续发展的动力,实现矿区和城市的经济增长。

7.3.4.4 缝合空间结构,调整空间秩序

基于权台矿区破碎的空间状态,对其空间进行缝合,重新整合空间资源,构建新的空间秩序,实现土地的集约高效,为城市建设或矿区发展释放空间。首先,通过水系、路网等线状空间将煤炭生产区串联,再与马庄村的基本农田、村民住宅群落的块状空间相结合,促进城乡之间资源要素流动,实现区域协调一体化发展。其次,优化权台煤矿工业遗址创意园的"三生"空间,结合城市发展需要,因地制宜总结废弃矿区可复制、可推广的修补模式,规划开发出恒大商业娱乐区、博览演艺区、生态创意区、会议创意办公区、会议会展区、生态景观区,打造集

煤矿文化、旅游与商业于一体的资源枯竭型矿区土地再利用示范基地,塑造适宜的社区生活空间尺度,满足矿区居民生产生活需求,丰富矿区居民精神文化体验,提升矿区居民生活空间品质,建设真正的和谐居住社区,推动矿区向城市社区转型。权台矿区再利用鸟瞰效果图,见图7-20。

(a)

(b)

图7-20 权台矿区再利用鸟瞰效果图

(c)

(d)

图 7-20(续)

7.3.5 民营房企为主导的运作模式

权台煤矿土地退出再利用运用社会企业主导土地再利用模式。由于政府财政相对紧张,民营房企为主导的运作模式在实际开发过程中引入开发商参与土地开发,实现土地开发资金平衡,形成市场主导。该模式的主要做法是将矿区土地开发和环境治理、大量基础设施任务捆绑在一起,把土地转让给开发商。开发商依靠土地使用权证向银行融资,并投入一定规模的自有资金进行土地开发,从而获得土地增值收益(见图7-21)。

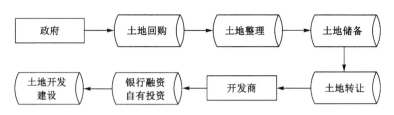

图 7-21　市场主导土地再利用模式

民营房企为主导的运作模式的特点:一方面,有利于降低政府开发成本,分担了单纯由政府开发带来的各种风险;同时,有利于提高社会闲散资金的利用率,发挥企业主人翁地位。另一方面,市场作用下,企业过分考虑自身开发短期利益,将地块分批分块建设,忽视对环境的保护,会导致整体建设目标和建设程度比较分散,并对后期参与者造成商业成本的增加。

权台煤矿以恒大集团为开发主体,组建项目公司发展创意文旅业。

(1) 租售结合,牢牢掌握土地核心盈利物业所有权

恒大集团通过盘活关闭煤矿闲置资源、更新利用矿区土地,引入旅游业和文化产业,利用权台煤矿工厂土地和工业遗存,实现原有土地业态种类丰富、层次有序。同时,对土地进行商业开发,通过商铺租售获得盈利,牢牢把握土地核心盈利物业的所有权,节税减税,降低交易成本,减少不确定性,实现开发地块的持续性盈利,也使得后期的运营更加灵活,为整个园区的成功运营提供雄厚的资金基础。

(2) 打造文化平台,集聚商业文化活动

恒大集团运用自身优势并结合权台矿区煤炭生产特点打造博览演艺区特色文化平台。通过组织策划博物馆文化科普、工业体验式旅游、矿工生活生动演艺等相关的文化活动获得较好的经济效益。随着居民文化娱乐类消费能力的提高,文化类产品的推广力度会大幅加强,同时权台煤矿承载了徐州特有的煤炭文化记忆,文化活动的策划市场空间大。通过文化活动的举办与推广,既创造了经济效益,也不断提高了矿区土地的活力与知名度。

(3) "三位一体"联合开发,提升景区知名度

徐州权台煤矿工业遗址创意园作为"城市修补"的一环,与以马庄村为代表

的"乡村振兴"项目、潘安湖国家湿地公园为代表的"生态修复"项目联合进行开发。恒大集团将矿区土地开发和塌陷地生态环境治理、城市社区基础设施建设任务捆绑在一起,实现区域功能互补,产业差异,居住类型多样,带动区域地块土地整体增值与经济发展;实现区域地块成为全国城市双修与乡村振兴联动发展示范基地、全国资源枯竭型矿区民生改善与保障示范区、淮海经济区城乡融合发展的现代绿色新城。

7.3.6　再利用效益分析

7.3.6.1　留存保护煤炭工业遗迹,珍藏徐州煤矿城市记忆

徐州市煤矿开发历史悠久,煤矿与一代代徐州市人民的生活工作紧密相连。随着徐州市众多煤矿的关闭与改造,煤矿逐渐淡出了徐州市居民的生产生活,在徐州市越来越难以寻找有关煤矿的城市记忆。权台煤矿的改造转型,着重保留与煤矿开采开发有关的工业遗迹,可以为徐州市珍藏煤矿城市记忆。

7.3.6.2　盘活关闭煤矿闲置资源,实现国有资产保值增值

徐矿集团利用权台煤矿工厂土地和工业遗存,引进社会资本实现权台矿区"城市修补"功能,与马庄村乡村振兴、潘安湖国家湿地公园塌陷地生态治理形成"三位一体"的资源型城市转型发展新模式。徐矿集团手握的关闭煤矿——权台煤矿拥有丰富的存量资源,存量资源的闲置阻碍了国有资产的保值增值。推进权台煤矿转型发展的成功,能够提升国有资产的利用效能。

7.3.6.3　带动贾汪区域经济发展,加速产业结构优化转型

随着长期高强度、大规模开采,贾汪区面临煤尽城衰的困境,关闭小煤矿带来的直接影响就是贾汪区各种经济指标陡然下降,产业更替面临重重困境。因此,权台煤矿的改造以潘安湖成功的生态改造为契机,以生态转型带动产业转型、城市转型、社会转型等各方面转型,着力解决制约贾汪区发展的最大瓶颈,不仅能带动经济发展,而且能够加速产业结构优化。

7.3.6.4　提供相关就业岗位,改善当地经济民生

煤矿枯竭关闭带来经济下滑与长期恶劣的环境,就业与民生问题日趋严重,贾汪区人民求富、求绿、求变的愿望十分强烈。权台煤矿的转型改造提供了相关的就业岗位,有效改善了当地经济民生。

7.4 乐山嘉阳矿:旅游资源再整合,多方共赢谱新章

7.4.1 矿区基本情况介绍

嘉阳矿区是典型的地处偏远山区、远离城市、自成体系的独立矿区,整个矿区呈线状分布。嘉阳集团公司下辖嘉阳煤矿、同仁煤矿、煤矸石发电厂、矿山机械厂、小火车运管公司等多个经营实体。嘉阳煤矿诞生于抗日战争时期,三口井中两口已开采殆尽。随着资源枯竭,嘉阳人抓住机遇转型,修复废弃矿山生态,建设矿山公园、绿色矿山,发展旅游,找到了生存的"另一条腿"。嘉阳矿区2010年获批第二批国家矿山公园,2015年被正式命名为国家级绿色矿山。

嘉阳国家矿山公园正处在初步建设阶段,自2006年以来,嘉阳小火车、工业古镇芭蕉沟经过嘉阳人的努力,已经有了一定的声誉,旅游潜力逐步显现。兴建于1958年的嘉阳小火车芭石窄轨铁路,东起犍为县的石溪镇,西至与沐川县交界的芭蕉沟镇,全长19.84千米。小火车过去主要是作为运煤的主要方式,现在则为矿山职工和当地居民生产和生活服务,是通往芭蕉沟老矿区唯一的交通工具,也是嘉阳吸引游客前来的主要因素之一。嘉阳矿区区位图,见图7-22。

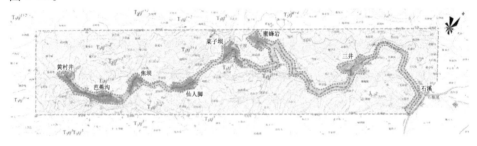

图 7-22　嘉阳矿区区位图

7.4.2 土地再利用的规划策略

嘉阳国家矿山公园的规划建设不是单纯以煤炭工业遗迹的保护为目的,而是从矿区复兴的角度出发,以矿区整体功能结构调整为基础,将工业遗产同当地特有的自然、人文景观相结合。该规划本着以文化塑灵魂、以利用促保护、以特色创效益的指导思想,从经济、生态、文化、社会等四大目标出发,挖掘原有工业迹地的历史和文化内涵,赋予工业废弃地以文化功能。该规划着力培育内生性的经济发展动力,平衡文化产业、生态建设和经济增长之间的关系,最大限度地

发挥地块的经济、社会、文化、科学研究、科普教育等方面的潜力,使沉寂已久的老矿区重新焕发活力。

嘉阳国家矿山公园的规划和建设主要是以芭蕉沟老矿区的矿业遗迹及新矿区三井现代工业展示为重点,结合当地特有的矿业地质遗迹、矿业开发史籍、矿业生产遗址、矿业活动遗迹、矿业制品等,包括芭蕉沟、黄村井老矿井,有异国风味的近现代优秀建筑,各类 20 世纪留下的生产、生活设施等,通过一系列的建筑物、物品对芭蕉沟的生产历史进行展示,展现嘉阳当地特有的煤矿工业遗产。同时,积极发挥芭石窄轨铁路(嘉阳小火车)的影响性,调动芭蕉沟及嘉阳国家矿山公园对于游客的吸引力。同时,结合芭马古道的历史价值及使用价值,构建煤炭工业之路。

在嘉阳国家矿山公园时空序列的总体规划布局中,可以按照各地景观布局的各自特点,将嘉阳国家矿山公园的总体景观结构分为一带、三片、五点。其中,一带主要是指芭石窄轨铁路(嘉阳小火车)沿线观光带;三片是指三井现代煤矿开采片区、芭蕉沟风情工业小镇片区、井下探秘游片区;五点主要是指以芭石铁路沿线的蜜蜂岩、菜子坝、仙人脚、焦坝、石板溪等五个站点为主的景观区。嘉阳国家矿山公园规划图,见图 7-23。

图 7-23 嘉阳国家矿山公园规划图

芭石窄轨铁路由于独特的地理环境,铁路弯道多、坡度大、隧道多及各车站站台依然存在等特点,还有现保留窄轨蒸汽机车 6 辆(型号为 ZM16－4,窄轨、燃煤、重量 16 吨、4 担轮对),观光车厢 8 节,运煤车 150 辆,运货平板车 9 辆。这些均具有世界上日益稀少的窄轨蒸汽火车的独特资源,经四川省政府命名为工业遗产和省级文物。以嘉阳小火车(见图 7-24)为矿区改造核心特色,以时间序列向前,逐渐通过沿线的建筑形式、风貌、特点及相关的自然、历史景观等,逐渐回溯、体会工业文明的发展历程,体现工业文明由现代发达到古代原始的这一过程。

(a)

(b)

(c)

图 7-24　嘉阳小火车实景图

7.4.3　煤炭企业-政府-非煤炭企业联合开发运作利用模式

嘉阳集团率先进行嘉阳小火车开发,挖掘工业存量资源潜在价值。自 2004 年开始,嘉阳集团成立了嘉阳小火车保护开发工作领导小组和办公室,落实了各个部门密切配合、整体联动的工作措施。2008 年,嘉阳集团成立了保护开发管理部,配备专职工作人员维护小火车运行。2009 年,嘉阳集团成立了小火车运管公司,集合了小火车、矿井旅游资源,实行集中管理,整体开发。矿山公园建成前期,由犍为县人民政府和嘉阳集团公司组成项目办,完成矿山公园的论证、申报、规划、建设工作。矿山公园建成之后,成立嘉阳国家矿山公园管理委员会,下设管理委员会办公室、运营部、企划部、财务部等工作部门。嘉阳国家矿山公园运营结构,见图 7-25。

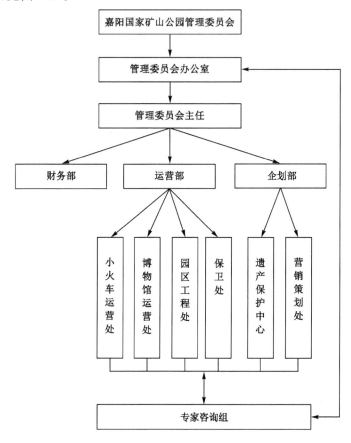

图 7-25　嘉阳国家矿山公园运营结构

旅游规模的扩大使管理体制需要进一步完善,应发挥政府的主导作用,从而提高规划的引领作用。随着旅游规模的扩大,原有管理体制和人员配备已不能满足作为国家级矿山公园的管理需求。原有人员与机构需要通过重组,进行适当的补充与分工,从而完善管理体制。嘉阳国家矿山公园的管理体制逐步转换为政府主导、企业经营、专家咨询的模式,政府部门主要由国土部门负责矿山公园发展的宏观指导,不涉及具体业务。由嘉阳国家矿山公园管理委员会负责公园的总体运营和日常管理,自负盈亏。咨询专家由企业聘请,为矿山公园提供遗迹保护、景点建设、生态恢复、管理运营等方面提供指导意见,制定和完善矿山公园今后的总体旅游发展思路,努力使矿山公园发展成今后该地区又一个旅游亮点,也为嘉阳集团的产业结构调整作出贡献。

引入社会资本以特色项目主导建设,实现煤炭之路沿线全面开发。随着嘉阳国家矿山公园项目建设运营日趋成熟,为进一步完善公园游览服务功能,园区需要建设更多高等级的接待场所和休闲娱乐设施,塑造嘉阳小火车的旅游品牌并大力营销推广。随着三井的关闭,更多的闲置资源有待开发盘活,园区需要加大招商引资力度,扩大旅游投入。嘉阳国家矿山公园大力吸引社会资本进行园区项目开发,以社会资本与特色项目为本阶段主导,为园区建设提供更灵活的资金支持,不断扩大园区项目多样性,实现三井-芭蕉沟-马庙全线的煤炭之路的开发,完成小火车沿线的工业资源盘活与建设。

7.4.4 再利用效益分析

7.4.4.1 项目产值不断增长,推动社会经济发展

中国国家矿山公园项目是由在国土资源部于 2010 年审定并公布的,针对矿区生态修复、产业转型和科普教育的项目。中国国家矿山公园项目的发展关联到社会经济中诸多经济部门和非经济部门,因而其产值的不断增长必然会带动相关产业产值的增长和政府对相关部门投入的增加,从而对整个社会经济的发展起推动作用。根据项目现金净流量,嘉阳旅游投资净现值为 24 518 万元,表明嘉阳国家矿山公园项目投资将为嘉阳新创造了 24 518 万元的产值。

7.4.4.2 带动地区产业转型,促进旅游产业发展

嘉阳国家矿山公园的建设,对整个地区的产业转型、旅游产业发展将产生巨大的推动作用。仅从旅游产业的发展对当地地区生产总值的贡献来看,其贡献是指除去旅游业各年度发展中的中间投入之外所新增加的价值,主要包括从业人员的收入(工资、薪水和各种补贴)、现金资产(利润利息与租金)、税收(个人所得税、间接税、公司税)等。同其他产业相比,由于旅游业的中间投入总体来说相

对较小,因而其附加值也较高,对国内生产总值的贡献也更大。

7.4.4.3 提供更多就业岗位,利于矿企职工转移

嘉阳国家矿山公园的建设提供了更多的就业机会。从经济学角度看,就业岗位的增加意味着消费的增长和生产的发展。随着嘉阳国家矿山公园的建设,嘉阳地区的旅游业将在现有的基础上会有一个大的发展,在旅游业就业的人数将会不断增长,从而使得煤炭企业的职工可以平稳转向旅游行业进行再就业。

参 考 文 献

[1] 李创,王丽萍.矿业经济学[M].北京:北京大学出版社,2014.

[2] 冯雨,谢守祥.中国煤炭产业周期性影响因素研究[J].中国煤炭,2014,40(1):6-10,24.

[3] 汤万金,李祥仪,李仲学.矿区可持续发展的概念、内涵与目标[J].黄金,1998(1):29-32.

[4] 陈玉和,王玉浚,李堂军.矿区的概念与矿区可持续发展的基本问题[J].西安科技学院学报,2000(4):299-303.

[5] 李立.中国资源枯竭型地区经济转型政策研究[D].北京:中国地质大学,2010.

[6] 袁亮.推动我国关闭/废弃矿井资源精准开发利用研究[J].煤炭经济研究,2019,39(5):1.

[7] 肖国兴.论国家煤炭资源所有权的实现:上[J].煤炭经济研究,1993(2):20-23,5.

[8] 蒋正举."资源-资产-资本"视角下矿山废弃地转化理论及其应用研究[D].徐州:中国矿业大学,2014.

[9] 王文强.我国矿区土地复垦法律制度研究[D].北京:中国政法大学,2012.

[10] 崔艳.生态脆弱矿区土地利用调控机制与对策[D].北京:中国地质大学,2009.

[11] 余慕溪.关闭矿井土地退出增值收益分配研究[D].徐州:中国矿业大学,2019.

[12] 黄胜开.农村集体土地上采矿用地取得法律制度研究[D].重庆:西南政法大学,2017.

[13] 左寻,白中科.工矿区土地复垦、生态重建与可持续发展[J].中国土地科学,2002,16(2):39-42.

[14] 付梅臣,曾晖,张宏杰,等.资源枯竭矿区土地复垦与生态重建技术[J].科技导报,2009,27(17):38-43.

[15] 王林秀,刘秀艳,余慕溪.资源枯竭型矿区土地置换行为动态演化分析[J].资源开发与市场,2016,32(9):1027-1033.

[16] 用文化建设打造幸福矿区[J].当代矿工,2019(7):18.

[17] 毛立.构建企业和谐文化　助推矿区健康发展[J].现代国企研究,2019(12):490.

[18] 渠爱雪,卞正富,朱传耿,等.徐州城区土地利用变化过程与格局[J].地理研究,2009,28(1):97-108,276.

[19] 杨慧丽.矿业用地全生命周期的盘活研究:基于权利配置理论[D].北京:中国地质大学,2017.

[20] 薛藩秀.我国绿色矿山建设评价及实证:以平朔矿区为例[D].北京:中国地质大学,2016.

[21] 王丽娜.以煤炭企业为主导的枯竭矿区土地再利用利益冲突研究[D].徐州:中国矿业大学,2015.

[22] 高魏,马克星,刘红梅.中国改革开放以来工业用地节约集约利用政策演化研究[J].中国土地科学,2013,27(10):37-43.

[23] 杨威.采矿权人与利益相关者关系的法律规制研究:以环境法为视角[D].赣州:江西理工大学,2011.

[24] 黄国钧.征地拆迁利益冲突及调整机制研究:以杭州市萧山区为例[D].杭州:浙江大学,2010.

[25] 刘向东.基于利益相关者的土地整理项目共同治理模式研究[D].北京:中国地质大学,2011.

[26] 喻建良,戴塔根.国有矿业权转让利益相关者分类研究[J].财经理论与实践,2006(3):101-105.

[27] 威勒,西兰琶.利益相关者公司[M].张丽华,译.北京:经济管理出版社,2002:18-22.

[28] 胡静.基于利益主体的土地利用规划决策机制研究[D].武汉:华中农业大学,2010.

[29] 付子堂.对利益问题的法律解释[J].法学家,2001(2):29-35.

[30] 张素华.我国城市土地储备制度存在的问题及解决[J].学术界,2009(6):249-255.

[31] 马小刚.房地产开发土地供给制度分析[D].重庆:重庆大学,2009.

[32] 吴清旺.房地产开发中的利益冲突与衡平:以民事权利保障为中心[D].重庆:西南政法大学,2004.

[33] 卢现祥.西方新制度经济学[M].修订版.北京:中国发展出版社,2003.

[34] 杨英武.城市褐色土地开发利益相关者的冲突及其协调策略研究:以福州市为例[D].福州:福建师范大学,2010.

[35] 王瑷瑷.济南市工业用地再开发实践与规划策略[D].济南:山东建筑大

学,2015.

[36] 陈敏.土地储备成本效益分析[J].现代商贸工业,2012(1):68.

[37] 何芳,汪丹宁,廖飞,等.城市土地收储利益分配实践梳理[J].城市问题, 2014(5):55-60.

[38] 林炊利.核心利益相关者参与公办高校内部决策的研究[D].上海:华东师 范大学,2013.

[39] 刘秀艳.资源枯竭型矿区土地再开发制度约束与优化研究[D].徐州:中国 矿业大学,2017.

[40] 宫明杰.煤炭资源枯竭型矿区工业广场土地置换研究[D].徐州:中国矿业 大学,2015.

[41] 唐连印,孙莉莉.我国高校土地置换分析与思考:基于高校土地的处置权 [J].辽宁教育行政学院学报,2014(4):25-27.

[42] 傅晓霞,魏后凯,吴利学.城市工业搬迁的动因、方式和效果:以北京市为例 [J].经济管理,2007(21):66-71.

[43] 余慕溪,王林秀,袁亮,等.基于扎根理论的矿区土地退出影响因素分析 [J].科学决策,2019(1):65-84.

[44] 中国资源枯竭型城市转型报告[J].领导决策信息,2005(15):30-31.

[45] 邓珊.基于动态博弈的矿区土地退出路径优选[D].徐州:中国矿业大 学,2015.

[46] 张洋.枯竭型煤炭企业参与矿业用地储备开发收益分配研究[D].徐州:中 国矿业大学,2014.